westermann

EinFach
Geschichte
... unterrichten

Das europäische Mittelalter

Lebensorte

Erarbeitet von
Marco Anniser
Achim Rosenthal
Oliver Satter

Herausgegeben von
Marco Anniser und
Oliver Satter

westermann GRUPPE

www.schoeningh-schulbuch.de
Schöningh Verlag, Jühenplatz 1 – 3, 33098 Paderborn

Druck A[1] / Jahr 2018
Alle Drucke der Serie A sind im Unterricht parallel verwendbar.

Umschlagfoto: © manfredxy – iStock.com
Druck und Bindung: westermann druck GmbH, Braunschweig

ISBN 978-3-14-**024738**-2

Baustein 5: Mittelalterliche Monatsbilder 75

Baustein 6: Kunstgeschichte – Romanik und Gotik im Mittelalter 88

Vorwort

Der vorliegende Band ist Teil einer Reihe von Themenheften, die an den Bedürfnissen des Unterrichtsalltags orientiert sind. Die Reihe *EinFach Geschichte ... unterrichten* richtet sich an Geschichtslehrerinnen und -lehrer und sieht sich als Ergänzung zu den eingeführten Lehrwerken.

Die Reihe will mit variabel einsetzbaren thematischen Bausteinen sowie vielfältigen Methoden und Sozialformen Angebote machen für einen abwechslungsreichen Unterricht:

- Jedes Heft bietet mehrere Bausteine zu interessanten Aspekten des jeweiligen Themas.
- Jeder Baustein umfasst kopierfähige Arbeitsblätter – jeweils verbunden mit einer einführenden Sachanalyse, methodisch-didaktischen Hinweisen und Lösungen in Form von ausführlichen Erwartungshorizonten.
- Am Ende jedes Bausteins befindet sich ein Rätsel mit der entsprechenden Auflösung oder ein Spiel.

Aus der Praxis – für die Praxis: Unser Anliegen ist es, Lehrerinnen und Lehrern schnell und effizient das für den Unterricht nötige Hintergrundwissen bereitzustellen; daher ist die Ausführlichkeit einer wissenschaftlichen Abhandlung nicht sinnvoll. Für eine tiefer gehende stoffliche Einarbeitung sei auf die wissenschaftliche Fachliteratur verwiesen.

Bei der Verwendung der Bausteine gibt es keine bindende Reihenfolge, sondern es kann nach eigenen didaktischen Überlegungen eine Auswahl getroffen werden. Das Bausteinprinzip der Reihe bietet so flexible Möglichkeiten und erleichtert damit nicht zuletzt auch die Unterrichtsvorbereitung.

Obwohl die Lehrpläne der Bundesländer unterschiedliche Schwerpunkte setzen, stimmen die zentralen thematischen Inhalte vielfach überein, sodass die Hefte bzw. Bausteine der Reihe *EinFach Geschichte ... unterrichten* problemlos in allen Bundesländern zum Einsatz kommen können.

Baustein 1

Der erste Stand – Klosterleben und Medizin

Überblick

In diesem Baustein finden Sie Arbeitsblätter zum Thema „Der erste Stand – Klosterleben und Medizin".

- Das **AB 1a** stimmt unter der Fragestellung **Das Leben im mittelalterlichen Kloster – ein erstrebenswertes Ziel?** die Lernenden anhand einer Buchmalerei auf die Beschäftigung mit dem Lebensort Kloster ein, bevor im Anschluss das **AB 1b** grundlegende Informationen über die Bedeutung der mittelalterlichen Klöster liefert. Arbeitsblatt 1a – b S. 10f.
- Die Stundenfrage **Ein Regelwerk für Mönche – der sichere Weg ins Paradies?** (**AB 2**) begleitet die Beschäftigung mit der berühmten Regelsammlung „Regula Benedicti" des Benedikt von Nursia (480 – 547). Arbeitsblatt 2 S. 13
- Die Leitfrage **Kritik am Leben der Mönche – War eine Reform des Klosterlebens notwendig?** (**AB 3**) strukturiert die Beschäftigung mit Quellenauszügen von Lampert von Hersfeld (11. Jh.) und Bernhard von Clairvaux (1090 – 1153). Arbeitsblatt 3 S. 14
- Mithilfe des **AB 4a** – **Der hippokratische Eid – nur eine leere Formel?** soll den Schülern zunächst die antike Vorstellung der Rolle eines Arztes vermittelt werden. Anschließend stellt das **AB 4b** mithilfe der **Genfer Deklaration des Weltärztebundes** einen Gegenwartsbezug her und lässt eine vergleichende Betrachtung der Rolle eines Arztes in der Antike und der Neuzeit zu. Arbeitsblatt 4a – b S. 16ff.
- Die Arbeitsblätter **AB 5a** und **5b** befassen sich unter der Fragestellung: **Die Mittelalterapotheke – mehr als nur ein Kräutergarten?** mit mittelalterlichen Heilkräutern und deren Wirkung als Medizin. Arbeitsblatt 5a – b S. 20f.

Sachanalyse

Klosterleben vom Dualismus geprägt

Informationen über Grundbegriffe und die kulturelle Bedeutung von Klöstern können dem Schülerarbeitsblatt (**AB 1b**) entnommen werden. Zu ergänzen bleibt, dass sich das Leben im Kloster im Dualismus von tiefer Religiosität einerseits und der Hinwendung zu weltlichen Aspekten andererseits bewegte. Die Gefahr eines moralischen Verfalls war aufgrund der teilweise enorm reichen und mächtigen Abteien immer gegeben und so boten Lebensstil und Verhalten der Klosterbrüder des Öfteren Anlass zu Kritik und Reformbewegungen unterschiedlicher Art entstanden. Das Hin und Her kann als eine Art Wellenbewegung zwischen Rückbesinnung und Ausschweifung verstanden werden. Mit dem Aufkommen und dem Bedeutungsgewinn der mittelalterlichen Städte wurden viele Aufgaben der Klöster von weltlichen Akteuren übernommen und viele Klöster mussten einen Bedeutungsverlust hinnehmen. Neugründungen fanden nun innerhalb der Stadtmauern statt und ihr Aufgabenbereich verschob sich mehr und mehr zu Predigt und Seelsorge; man wandte sich nicht mehr von der Bevölkerung ab, sondern ihr im Besonderen zu.

Klöster als Zentren der Heilkunst

Die mittelalterlichen Klöster waren und blieben die bedeutendsten Zentren der Heilkunst, da Nonnen und Mönche über profundes Wissen zur medizinischen Wirkung von Heilkräutern verfügten. Beeinflusst von den Ordensregeln des Mönchs Benedikt von Nursia, der die Krankenpflege als oberste Christenpflicht einstufte, wurden in den Klöstern die ersten Hospitäler betrieben. Dort stellte man unter anderem Salben, Tinkturen und Tränke her. In der

Vorstellung der mittelalterlichen Gesellschaft heilte Gott durch diese Mittelchen die Menschen von den Krankheiten. Die hierfür erforderlichen Zutaten wurden zumeist in den klostereigenen Gärten angebaut. Bis in die frühe Neuzeit hinein waren solche pflanzlichen Heil- und Arzneimittel der einzige Weg zur Linderung der Leiden. Heute kennen wir die im Mittelalter verwendeten Heilkräuter immer noch, nur finden diese mehr in Küchen als am Krankenbett Verwendung.

Der hippokratische Eid im Wandel

„Meine Verordnungen werde ich treffen zu Nutz und Frommen der Kranken, nach bestem Vermögen und Urteil; ich werde sie bewahren vor Schaden und willkürlichem Unrecht.
Ich werde niemandem, auch nicht auf seine Bitte hin, ein tödliches Gift verabreichen oder auch nur dazu raten. Auch werde ich nie einer Frau ein Abtreibungsmittel geben. Heilig und rein werde ich mein Leben und meine Kunst bewahren."
(Aus dem hippokratischen Eid)

Der griechische Arzt Hippokrates von Kos (460 – 370 v. Chr.) gilt als einer der berühmtesten Heilkundigen der Antike. Der nach ihm benannte hippokratische Eid wird heute zwar in seiner ursprünglichen Form nicht mehr gesprochen, ist jedoch in einer abgewandelten Art noch immer die Grundlage der ärztlichen Ethik. Auch wenn die Urheberschaft des Eides dem griechischen Arzt zugesprochen wird, ist die genaue Herkunft ungeklärt. Die im Jahre 1948 vom Weltärztebund verabschiedete Fassung ist eine zeitgemäße Version des antiken Eides. Die neueste Version stammt aus dem Jahre 2006. Im Gegensatz zur weitverbreiteten Meinung sind angehende Mediziner in Deutschland nicht verpflichtet, den Eid oder das Gelöbnis abzulegen. Anders verhält es sich zum Beispiel in den USA, wo der Eid in einer feierlichen Zeremonie abgelegt wird. Der antike hippokratische Eid thematisierte unter anderem die ärztliche Ausbildung und wirtschaftliche Absicherung, das Verhalten gegenüber Patienten, die Sterbehilfe, die Abtreibung, die Grenzen der ärztlichen Kunst, die Schweigepflicht und schließlich die Folgen bei Eidbruch. Die Neufassung aus dem Jahre 1948 orientiert sich am Original, ist jedoch den modernen Gegebenheiten der Medizin angepasst worden. Im Gegensatz zum antiken Vorbild wird kein Schwur auf Götter geleistet und die Lehrer werden nicht elterngleich geachtet. Die besondere Beziehung mit den Kollegen wird hervorgehoben und diese werden als Brüder und Schwestern bezeichnet und die Gleichberechtigung aller Bevölkerungsgruppen betont.

Methodisch-didaktische Analyse

AB 1a

Die Abbildung der Buchmalerei (**AB 1a**) dient dem Einstieg in das Themengebiet Lebenswelt Kloster, indem eine „Übergabesituation" eines Jungen an den Abt durch einen Vater kreativ ausgestaltet wird. Das Ausformulieren der Gedanken der beteiligten Figuren und die Beantwortung einiger weniger Fragen in Partnerarbeit aktivieren Vorerfahrungen und Vorkenntnisse und machen neugierig auf das Kommende. Nach der Besprechung der Aufgaben im Plenum kann bereits zum ersten Mal die Stundenfrage **Das Leben im mittelalterlichen Kloster – ein erstrebenswertes Ziel?** gestellt werden. Der Informationstext (**AB 1b**) stattet die Lernenden im Anschluss mit grundlegendem Faktenwissen aus. Zur Strukturierung gestalten die Schülerinnen und Schüler eine Mindmap und arbeiten die Gründe heraus, weshalb viele Menschen im Mittelalter ein Leben im Kloster anstrebten. An dieser Stelle kann die Leitfrage erneut aufgeworfen werden und eine differenzierende Besprechung stattfinden. Die dritte und letzte Aufgabe eignet sich insbesondere als Hausaufgabe.

Leitfrage
AB 1b

AB 2

Das Regelwerk des Benedikt von Nursia (**AB 2**) wurde die maßgebliche Mönchsregel im westlichen Europa und ist daher von besonderer Bedeutung in Bezug auf das Leben der

Mönche. Aus den drei angeführten Kapiteln erarbeiten sich die Lernenden, durch welche Handlungs- und Verhaltensweisen die Religiosität zum Ausdruck gebracht wurde. Die zweite Aufgabe knüpft an die Lebenswelt der Lernenden an und verdeutlicht die besondere Lebenssituation im Kloster, ein Leben, welches als auf das Wesentliche reduziert betrachtet werden kann. Diese Tatsache wird verdeutlicht, indem heutige Annehmlichkeiten gegenübergestellt werden. Die dritte Aufgabe fordert und fördert einen Perspektivenwechsel und ermöglicht ein Fremdverstehen. Nach der Besprechung kann die Stundenfrage **Ein Regelwerk für Mönche – der sichere Weg ins Paradies?** eine kritische Diskussion einleiten. Leitfrage

Kritische Aussagen von Lampert von Hersfeld und Bernhard von Clairvaux (**AB 3**) stehen unter der Leitfrage **Kritik am Leben der Mönche – war eine Reform des Klosterlebens notwendig?** im Mittelpunkt. Die Quellen werden zunächst in eigenen Begrifflichkeiten zusammengefasst, bevor über die Gründe eines solchen Sittenverfalls spekuliert wird. Anschließend soll der Ausdruck „Memento mori" erläutert werden. Für diese Aufgabenstellungen eignet sich insbesondere die Gruppenarbeit, um den Lernenden die Möglichkeit eines Austausches zu geben. Für die letzte Aufgabe müssen entsprechende Recherchemöglichkeiten vorhanden sein; alternativ eignet sie sich auch als Hausaufgabe. AB 3 Leitfrage

Mithilfe des **AB 4 a** sollen den Schülerinnen und Schülern die ethischen Leitlinien der Ärzteschaft in der Antike vermittelt werden. Dazu wird die Quelle zunächst aufmerksam gelesen und die entsprechenden Themenschwerpunkte werden farbig markiert. Während sich für diese Vorarbeit eine Einzelarbeit anbietet, können die weiteren Aufgaben auch in Partnerarbeit gelöst werden. Diese knüpfen an die Lebenswirklichkeit der Schüler an und eignen zur Diskussion der Stundenfrage: **Der hippokratische Eid – nur eine leere Formel?**. **AB 4 b** versteht sich als eine Ergänzung und thematisiert eine aktuelle Version des Eides. Im direkten Vergleich arbeiten die Lernenden Gemeinsamkeiten und Unterschiede heraus. Mithilfe der Aufgabe 3 lässt sich wiederum die oben gestellte Stundenfrage beantworten. AB 4 a AB 4 b Leitfrage

Die Arbeitsblätter **5 a** und **5 b** regen die Lernenden dazu an, sich in die Rolle eines Heilkundigen im Mittelalter zu versetzen. Dazu schneiden sie zunächst die Bilder der Kräuter aus und kleben diese auf die dazugehörige Tabelle (**AB 5 b**). Hierbei sei erwähnt, dass unter Umständen die Lernenden nicht alle Kräuter kennen und entsprechende Hilfestellung benötigen. Diese Aufgabenstellung ist in mehrfacher Hinsicht gewinnbringend: Zum einen beschäftigen sich die Schülerinnen und Schüler mit mittelalterlichen Heilmethoden und zum anderen knüpft diese Art der Aufgabenstellung an das Alltagsleben an, da sie zumindest einige der beschriebenen Pflanzen bereits kennen werden. Die Fallbeispiele wecken die Motivation der Lernenden. Darüber hinaus kann im anschließenden Unterrichtsgespräch die Stundenfrage **Die Mittelalterapotheke – mehr als nur ein Kräutergarten?** beantwortet werden. AB 5 a – b Leitfrage

Das Leben im mittelalterlichen Kloster – ein erstrebenswertes Ziel?

Folgende Buchmalerei stammt aus dem Codex Benedictus, der etwa 1075 in der Benediktinerabtei Montecassino zu Ehren des Klostervaters St. Benedikt angefertigt wurde. Die Inschrift lautet frei übersetzt: „Florus übergibt den Sprössling. Es kommt zu einer Zusage. Florus vermacht dem Abt Ländereien."

1. Trage ein, was die abgebildeten Personen (Vater, Sohn und Abt) in dieser Situation denken könnten.

2. Notiert euch in Partnerarbeit Stichworte zu folgenden Fragen:
a) Wie war ein Kloster aufgebaut?
b) Wie verlief das Leben in einem Kloster?
c) Warum traten Menschen in ein Kloster ein?
d) Welche Regeln mussten beachtet werden?

Best.-Nr. 024738

Das Leben im mittelalterlichen Kloster – ein erstrebenswertes Ziel?

Das aus dem Griechischen stammende Wort „Mönch“ kann mit „allein lebend“ übersetzt werden und verdeutlicht die Lebensweisen der ersten Einsiedler, die sich von anderen Menschen zurückzogen, um Gott umso näher zu sein. Später fanden sich kleine Gemeinschaften zusammen und gründeten Klöster. Dieses Wort stammt aus dem Lateinischen und bedeutet „verschlossener Ort“. So wurden Klöster oft in abgeschiedenen Gegenden errichtet, waren hinter Mauern verborgen und die Geistlichen lebten nach eigenen Regeln. Dabei standen der Verzicht, die Einsamkeit und das Beten und Arbeiten („Ora et labora“) an oberster Stelle. Geleitet wurde das Kloster von einem Abt; Novizen nannte man die Neuankömmlinge, die eine mehrjährige Ausbildung beziehungsweise Probezeit bestehen mussten. Die Klöster gehörten meist einer Ordensgemeinschaft an, wie beispielsweise den Benediktinern oder den Dominikanern. Sie unterschieden sich untereinander in ihrer Lebensweise und ihren Regeln; sie waren an ihrer Kleidung, der Ordenstracht, zu erkennen und grenzten sich durch die Tonsur, eine kreisrunde kahl geschorene Schädelstelle, von der übrigen Bevölkerung ab. Klöster waren aber nicht nur weltabgeschiedene Einrichtungen, sondern auch Bildungszentren mit Klosterschulen, Bibliotheken und Klostergärten. Mönche konnten Lesen und Schreiben, kopierten Bücher, fertigten Kunstwerke an und betrieben wissenschaftliche Forschungen. In den Klöstern war man gastfreundlich, unterhielt Krankenhäuser und versorgte die Alten. Manche Klosteranlagen entwickelten sich zu kulturellen Blütezentren und stellten, nicht nur aufgrund der großen Ländereien im Klosterbesitz und der Bauern, die Abgaben leisten mussten, bald einen besonderen Machtfaktor dar. So konnte der Eintritt ins Kloster Macht und Einfluss zum Beispiel von Adligen vergrößern und die persönliche Karriere fördern. Mönche waren zudem wirtschaftlich abgesichert und der Eintritt in das Kloster gab armen Familien die Gewissheit, dass ihr Kind versorgt wurde. Politisch Verfolgte oder durch Krieg heimatlose gewordene Menschen zogen ebenso in die Klöster wie einzelne Familienmitglieder, die für das Seelenheil der anderen beten sollten, oder Menschen, die ihre Dankbarkeit ausdrücken wollten, da sie beispielsweise etwas Schlimmes überlebt hatten. Die meisten Menschen aber traten in die Klöster ein, um Gott bereits auf Erden zu dienen und nach dem Tod Erlösung im Paradies zu finden. Somit mussten einige Menschen aufgrund von wirtschaftlicher Not in ein Kloster gehen, Hunderttausende aber traten gerne und freiwillig ein. Teilweise wurde von den Novizen eine Gegenleistung für den Eintritt verlangt. Dies konnten Geld- oder Sachleistungen beziehungsweise Ländereien sein, welche die Familie dem Kloster vermachte.

(Autorentext)

1. Vervollständige die Mindmap zur Frage, welche besonderen Aufgaben die Klöster im Mittelalter übernehmen.

2. Nenne die Gründe, weshalb viele Menschen ihr Leben in den Klöstern verbrachten.

3. Nimm Stellung zu der Frage, wer die damaligen Aufgaben der Klöster heute wahrnimmt.

Best.-Nr. 024738

Das Leben im mittelalterlichen Kloster – ein erstrebenswertes Ziel?

➡ Zu AB 1a

1. Trage ein, was die abgebildeten Personen (Vater, Sohn und Abt) in dieser Situation denken könnten.
   Individuelle Schülerlösung, welche die Umstände der Übergabe berücksichtigt.

2. Notiert euch in Partnerarbeit Stichworte zu folgenden Fragen:
   a) Wie war ein Kloster aufgebaut?
   b) Wie verlief das Leben in einem Kloster?
   c) Warum traten Menschen in ein Kloster ein?
   d) Welche Regeln mussten beachtet werden?
   Individuelle Schülerlösungen.

➡ Zu AB 1b

1. Vervollständige die Mindmap zur Bedeutung der Klöster für die Menschen im Mittelalter.

Mönche
- kopierten Bilder
- fertigten Kunstwerke
- wissenschaftliche Forschungen

Bildungszentren
- Klosterschulen
- Bibliotheken
- Klostergärten

kulturelle Blütezeiten

unterhielten Krankenhäuser

versorgten die Alten

[...]

2. Nenne die Gründe, weshalb viele Menschen ihr Leben in den Klöstern verbrachten.
   - zur Vergrößerung des Einflusses und zur Förderung der persönlichen Karriere
   - wirtschaftliche Absicherung (Arme Familien wussten ihre Kinder versorgt.)
   - Schutz für politisch Verfolgte oder durch Krieg heimatlose gewordene Menschen
   - um für das Seelenheil von anderen zu beten
   - um Dankbarkeit auszudrücken
   - um Gott bereits auf Erden zu dienen und nach dem Tode Erlösung im Paradies zu finden

3. Nimm Stellung zu der Frage, wer die damaligen Aufgaben der Klöster heute wahrnimmt.
   Die Lernenden können an Beispielen ausführen, dass die Aufgaben der mittelalterlichen Klöster wie die Alten- und Krankenpflege, das Unterhalten von Bibliotheken, wissenschaftliche Forschungen und vieles mehr heutzutage in der Regel von staatlichen Institutionen und der Privatwirtschaft übernommen werden.

Best.-Nr. 024738

Ein Regelwerk für Mönche – der sichere Weg ins Paradies?

Benedikt von Nursia (480–547) gründete im Jahre 529 das erste Kloster des Benediktinerordens, die Abtei Montecassino in Italien. Dort verfasste er seine berühmt gewordene Regelsammlung *Regula Benedicti*, eine Anleitung für das klösterliche Leben, da er glaubte, dass das Leben der Mönche eine geregelte Ordnung brauchte. Später wurde seine Schrift zur allein maßgeblichen Mönchsregel im westlichen Europa. Im Folgenden sind einige Ausschnitte angegeben:

Aus der Regel des heiligen Benedikt (6. Jahrhundert)

Der hl. Benedikt übergibt seine Regel an den hl. Maurus (frz. Miniatur aus einem Manuskript der Regula Benedicti, Abtei Saint-Gilles, 1129).

33. Niemand darf etwas Eigenes besitzen, weder ein Buch noch eine Schreibtafel noch einen Griffel. Denn es ist keinem Mönch erlaubt, über seinen Körper oder über seinen Willen frei zu entscheiden. Alles Nötige, so sollen die Mönche hoffen, würden sie vom Vater des Klosters bekommen. Und „alles sei allen gemeinsam“, wie es geschrieben steht. […]

48. Müßiggang ist der Feind der Seele. Daher müssen sich die Brüder zu bestimmten Stunden wie die Apostel mit ihrer Hände Arbeit, zu bestimmten Stunden aber mit heiliger Lesung beschäftigen. Während der Fastentage ist Lesezeit von nach dem Gebet der ersten Stunde bis um 9 Uhr und von 10 Uhr bis 12 Uhr. Vor der Fastenzeit erhalte jeder ein Buch aus der Bibliothek, das er während dieser Tage von Anfang an ganz lesen soll. Sonntags ist außer den Gebetszeiten den ganzen Tag über zu lesen. Während der Lesezeit sollen zwei ältere Brüder durch das Kloster gehen und darauf achten, dass keiner träge ist und schwätzt. […]

50. Das Kloster muss so angelegt sein, dass sich Wasser, Mühle und Garten und die Werkstätten noch in seinem Bereich befinden, damit für die Mönche keine Notwendigkeit entstehe, auswärts umherzuschweifen, was für die Seele nicht förderlich ist.

Bihlmeyer, P. (Hg.): Ausgewählte Schriften des hl. Gregor von Nazianz. Kempten 1874 (= Bibliothek der Kirchenväter, Bd. 20), S. 69 ff., in: Kümper, Pastors: Mittelalter. Wochenschau Verlag Schwalbach/Ts. 2014, S. 120 f.

1. Erkläre mithilfe der Textquelle, durch welche Handlungs- und Verhaltensweisen die Religiosität zum Ausdruck gebracht werden konnte.
2. Erstelle eine Liste mit zehn Gegenständen und Annehmlichkeiten, welche du, müsstest du nach diesen Regeln leben, am meisten vermissen würdest.
3. Du lebst als Novize seit einem Jahr im Kloster. Verfasse einen Brief an deine Eltern, in dem du hauptsächlich das Schöne am Leben im Kloster hervorhebst.

Best.-Nr. 024738

Kritik am Leben der Mönche – War eine Reform des Klosterlebens notwendig?

Abbildung aus *Li Livres dou Santé* von Aldobrandino von Siena (Frankreich, 13. Jh).

Lampert von Hersfeld lebte im 11. Jahrhundert und war Geschichtsschreiber und erster Abt des Klosters Hasungen. Aus seinem Jahrbuch ist diese deutliche Kritik überliefert:

In Wirklichkeit aber schien der Herr nicht unverdientermaßen die Verachtung über unsere Mönche auszugießen. Denn die persönliche Schmach einiger Pseudomönche brachte den Namen gar sehr in Verruf. Diese hatten keinen Eifer für göttliche Dinge und lebten nur für Geld und Erwerb. Um Abteien und Bistümer zu erhalten, lagen sie in unverschämter Weise den Fürsten in den Ohren, und zu kirchlichen Ehrenstellen suchten sie nicht wie unsere Väter auf dem Wege der Tugenden, sondern auf dem abschüssigen Pfad der Schmeichelei und durch Vergeudung übel erworbener Gelder zu gelangen. Für ein armseliges Ämtlein versprachen sie täglich ganze Goldberge. Durch das Übermaß ihrer Freigebigkeit schlossen sie jeden nicht klösterlichen Bewerber aus; der Verkäufer wagte nicht so viel zu fordern, als der Käufer zu bezahlen bereit war. Die Welt wunderte sich über die Quellen solcher Geldströme [...] bei einfachen Leuten [...], die zudem das Ärgernis des Kreuzes und den Titel der Armut zur Schau trugen und der Menschheit vorlogen, dass sie außer einer bescheidenen Verpflegung und Kleidung nichts besäßen.

Johannes Bühler: Klosterleben im Mittelalter – nach zeitgenössischen Quellen. Frankfurt/Main 1989, S. 179 f.

Bernhard von Clairvaux (1090 – 1153) war ebenfalls ein Abt und einer der bedeutendsten Mönche des Zisterzienserordens. In einem Brief aus dem Jahre 1125 verfasste er folgende Zeilen:

Ich frage mich [...] verwundert, wie es möglich ist, dass unter Mönchen eine solche Ausschweifung in Speise und Trank, in der Kleidung und im weichen Lager, in den Kutschen und in Bauwerken Fuß fassen konnte [...]. Nur der Fleischspeisen enthält man sich. Dafür werden in doppelter Menge gewaltige Fische [...] aufgetischt. [...] Während der Gaumen durch neue Würzen verführt wird, gewöhnt er sich allmählich, sich der bekannten Speisen gänzlich zu entwöhnen, und durch Saucen fremder Herkunft fühlt er die Esslust neu aufleben, als hätte er noch nichts gegessen. [...] Während aber die Augen durch die Farben und der Gaumen durch Geschmack gereizt werden, wird der arme Magen, dem weder die Farben leuchten noch die Wohlgerüche schmeicheln, mehr durch den Druck beschwert als gestärkt. [...] Was soll man aber dazu sagen, dass angeblich in manchen Klöstern der Brauch beachtet wird, an großen Feiertagen [...] Wein zu trinken, der mit Honig vermischt oder mit pulverisierten Gewürzen bestreut worden ist? Werden wir etwa sagen, dass auch das wegen der Schwäche des Magens geschieht? [...] Wenn dann aber die Adern bis zum Bersten gefüllt sind, wenn der ganze Kopf dröhnt und man sich in diesem Zustand vom Mahl erhebt, was will man anderes als schlafen? Wenn du aber einen Mönch zwingst, in diesem elenden Zustand zum Nachtgebet aufzustehen, wirst du keinen Gesang, sondern eher Wehegeschrei aus ihm herausbringen. [...] Wenn ich dann endlich ins Bett gekommen bin, beklage ich beim Wecken mein grausames Geschick, aber nicht etwa die Sünde der Völlerei, sondern dass ich nicht schon wieder essen kann. [...]

Bernhard Clairvaux: Apologie an den Abt Wilhelm, in: Gerhard B. Winkler (Hg.): Sämtliche Werke lateinisch/deutsch. Bd. 2. Innsbruck 1992, S. 175, 179 – 183

1. Fasse jeweils in eigenen Worten die Kritiken der beiden Äbte zusammen.
2. Stelle Vermutungen darüber an, welche Gründe zu solch einem Sittenverfall führen konnten.
3. Der Ausdruck „Memento mori“ (in etwa: „Bedenke, dass du sterben musst“) kann als eine der Antworten auf den Sittenverfall verstanden werden. Erläutere den Ausdruck.
4. Recherchiere die Cluniazensische Reform und gibt deren Hauptgedanken wieder.

Best.-Nr. 024738

Ein Regelwerk für Mönche/Kritik am Leben der Mönche

➡ Zu AB 2

1. Erkläre mithilfe der Textquelle, durch welche Handlungs- und Verhaltensweisen die Religiosität zum Ausdruck gebracht werden konnte.
   - Regel 33: Der Verzicht auf persönlichen Besitz und das völlige Vertrauen auf den Klostervater bezeugte im Besonderen die Religiosität.
   - Regel 48: Müßiggang („Freizeit") ist zu vermeiden, deswegen galten die Arbeit und das Lesen zu vorgegebenen Zeiten als besonders gottgefällig.
   - Regel 50: Als besonderer Ausdruck der Religiosität galt die Vermeidung von weltlichen Eindrücken von außerhalb der Klosteranlagen.
2. Erstelle eine Liste mit zehn Gegenständen und Annehmlichkeiten, welche du, müsstest du nach diesen Regeln leben, am meisten vermissen würdest.
   Individuelle Schülerantwort.
3. Du lebst als Novize seit einem Jahr im Kloster. Verfasse einen Brief an deine Eltern, in dem du hauptsächlich das Schöne am Leben im Kloster hervorhebst.
   Individuelle Schülerantwort.

➡ Zu AB 3

1. Fasse jeweils in eigenen Worten die Kritiken der beiden Äbte zusammen.
   - Lampert von Hersfeld: Der Abt kritisiert die Macht- und Geldgier der Mönche, welche sich mit unredlich erlangtem Vermögen Vorteile verschaffen und Ämter erkaufen sowie ihren Reichtum nach außen hin verheimlichen.
   - Bernhard von Clairvaux: Dieser Abt kritisiert die Ausschweifungen und den Prunk in Bezug auf Essen und Trinken, Wohnstätte, Überfahrten und Bauwerke insgesamt. Genauer geht er auf die Esslust und die negativen Folgen dieser ein. Er führt aus, dass, ermüdet vom vielen Essen und berauscht von den Getränken, das gottgefällige Leben in den Hintergrund rückt.
2. Stelle Vermutungen darüber an, welche Gründe zu solch einem Sittenverfall führen konnten.
   Zu vermuten ist, dass die Mönche, welche sich solchem Verhalten schuldig gemacht hatten, nicht ins Kloster eingetreten sind, um ein gottesfürchtiges Leben in Armut zu führen, sondern aus wirtschaftlichen bzw. machtpolitischen Gründen. Insofern ist es nur folgerichtig, dass sie ihr privilegiertes Leben, wo möglich, ausnutzten und es zu Ausschweifungen kam.
3. Der Ausdruck „Memento mori" (in etwa: „Bedenke, dass du sterben musst") kann als eine der Antworten auf den Sittenverfall verstanden werden. Erläutere den Ausdruck.
   Der Ausdruck verdeutlicht, dass ein jeder Mensch früher oder später sterben muss und nach christlichem Glauben nicht nach seinem Reichtum, seinem Rum und seiner Ehre bemessen wird, sondern an seinem hoffentlich gottgefälligen Leben. Reichtum, Ruhm und Ehre sind nur flüchtig und vergehen; wenn das Leben als Vorbereitung auf das Jenseits verstanden wird, müssen andere Lebensziele im Vordergrund stehen. So soll der Ausdruck daran erinnern und dazu anregen, sich wieder auf die ursprünglichen Klosterregeln zu besinnen.
4. Recherchiere die Cluniazensische Reform und gibt deren Hauptgedanken wieder.
   Die Reform war aufgrund des moralischen Verfalls der katholischen Kirche im 11. Jahrhundert notwendig geworden. Man beachtete wieder die Regeln des heiligen Benedikt, rückte die Gottesdienste und die Frömmigkeit wieder in den Vordergrund und besann sich auf die Vergänglichkeit des irdischen Lebens.

Best.-Nr. 024738

Der hippokratische Eid – nur eine leere Formel?

Eid des Hippokrates (460 – 370 v. Chr.)

Ich schwöre, Apollon den Arzt und Asklepios und Hygieia und Panakeia und alle Götter und Göttinnen zu Zeugen anrufend, dass ich nach bestem Vermögen und Urteil diesen Eid und diese Verpflichtung erfüllen werde: den, der mich diese Kunst lehrte, meinen Eltern gleich zu achten, mit ihm den Lebensunterhalt zu teilen und ihn, wenn er Not leidet, mitzuversorgen; seine Nachkommen meinen Brüdern gleichzustellen und, wenn sie es wünschen, sie diese Kunst zu lehren ohne Entgelt und ohne Vertrag; Ratschlag und Vorlesung und alle übrige Belehrung meinen und meines Lehrers Söhnen mitzuteilen, wie auch den Schülern, die nach ärztlichem Brauch durch den Vertrag gebunden und durch den Eid verpflichtet sind, sonst aber niemandem. Meine Verordnungen werde ich treffen zu Nutz und Frommen der Kranken, nach bestem Vermögen und Urteil; ich werde sie bewahren vor Schaden und willkürlichem Unrecht. Ich werde niemandem, auch nicht auf seine Bitte hin, ein tödliches Gift verabreichen oder auch nur dazu raten. Auch werde ich nie einer Frau ein Abtreibungsmittel geben. Heilig und rein werde ich mein Leben und meine Kunst bewahren. Auch werde ich den Blasenstein nicht operieren, sondern es denen überlassen, deren Gewerbe dies ist. Welche Häuser ich betreten werde, ich will zu Nutz und Frommen der Kranken eintreten, mich enthalten jedes willkürlichen Unrechtes und jeder anderen Schädigung, auch aller Werke der Wollust an den Leibern von Frauen und Männern, Freien und Sklaven. Was ich bei der Behandlung sehe oder höre oder auch außerhalb der Behandlung im Leben der Menschen, werde ich, soweit man es nicht ausplaudern darf, verschweigen und solches als ein Geheimnis betrachten. Wenn ich nun diesen Eid erfülle und nicht verletze, möge mir im Leben und in der Kunst Erfolg zuteilwerden und Ruhm bei allen Menschen bis in ewige Zeiten; wenn ich ihn übertrete und meineidig werde, das Gegenteil.

www.mh-hannover.de/fileadmin/kliniken/geburtshilfe_praenatalmedizin/download/Hippokratischer_Eid-Genfer_Gel_bnis.pdf

1. Lies die Quelle aufmerksam.
2. Markiere zu den folgenden Themen die entsprechenden Textstellen in der Quelle (verwende für jedes Thema eine andere Farbe).
   Wirtschaftliche Absicherung — *Abtreibung*
   Ausbildung — *Grenzen der ärztlichen Kunst*
   Verhalten gegenüber Patienten — *Schweigepflicht*
   Sterbehilfe — *Folgen bei Eidbruch*
3. Formuliere die entsprechenden Textstellen in eigene Worte um.
4. Entscheide dich für einen Aspekt des Eides, der aus heutiger Sicht zu Problemen führen könnte. Begründe deine Meinung.
5. Überlege dir Situationen, in denen heute noch Eide geschworen werden. Erläutere, welche Folgen beim Nichteinhalten, dem Eidbruch, entstehen können.

Best.-Nr. 024738

Der hippokratische Eid – nur eine leere Formel?

2. Markiere zu den folgenden Themen die entsprechenden Textstellen in der Quelle (verwende für jedes Thema eine andere Farbe).

Wirtschaftliche Absicherung
Ausbildung
Verhalten gegenüber Patienten
Sterbehilfe
Abtreibung
Grenzen der ärztlichen Kunst
Schweigepflicht
Folgen bei Eidbruch

[...] mit ihm den Lebensunterhalt zu teilen und ihn, wenn er Not leidet, mitzuversorgen; seine Nachkommen meinen Brüdern gleichzustellen und, wenn sie es wünschen,

sie diese Kunst zu lehren ohne Entgelt und ohne Vertrag; Ratschlag und Vorlesung und alle übrige Belehrung meinen und meines Lehrers Söhnen mitzuteilen, wie auch den Schülern, die nach ärztlichem Brauch durch den Vertrag gebunden und durch den Eid verpflichtet sind, sonst aber niemandem.

Meine Verordnungen werde ich treffen zu Nutz und Frommen der Kranken, nach bestem Vermögen und Urteil; ich werde sie bewahren vor Schaden und willkürlichem Unrecht.

Ich werde niemandem, auch nicht auf seine Bitte hin, ein tödliches Gift verabreichen oder auch nur dazu raten.

Auch werde ich nie einer Frau ein Abtreibungsmittel geben. [...]

Auch werde ich den Blasenstein nicht operieren, sondern es denen überlassen, deren Gewerbe dies ist. [...]

Was ich bei der Behandlung sehe oder höre oder auch außerhalb der Behandlung im Leben der Menschen, werde ich, soweit man es nicht ausplaudern darf, verschweigen und solches als ein Geheimnis betrachten.

Wenn ich nun diesen Eid erfülle und nicht verletze, möge mir im Leben und in der Kunst Erfolg zuteilwerden und Ruhm bei allen Menschen bis in ewige Zeiten; wenn ich ihn übertrete und meineidig werde, das Gegenteil.

3. Formuliere die entsprechenden Textstellen in eigene Worte um.
Individuelle Schülerantwort.

4. Entscheide dich für einen Aspekt des Eides, der aus heutiger Sicht zu Problemen führen könnte. Begründe deine Meinung.
Kontrovers könnten die Themen *Sterbehilfe* und *Abtreibung* diskutiert werden.

5. Überlege dir Situationen, in denen heute noch Eide geschworen werden. Erläutere, welche Folgen beim Nichteinhalten, dem Eidbruch, entstehen können.
Individuelle Schülerantwort.

Best.-Nr. 024738

Der hippokratische Eid – nur eine leere Formel?

Genfer Deklaration des Weltärztebundes

Der folgende Text ist die Genfer Deklaration des Weltärztebundes aus dem Jahre 1948 in Anlehnung an den hippokratischen Eid:

Bei meiner Aufnahme in den ärztlichen Berufsstand gelobe ich feierlich: mein Leben in den Dienst der Menschlichkeit zu stellen. Ich werde meinen Lehrern die schuldige Achtung und Dankbarkeit erweisen. Ich werde meinen Beruf mit Gewissenhaftigkeit und Würde ausüben. Die Gesundheit meines Patienten soll oberstes Gebot meines Handelns sein. Ich werde alle mir anvertrauten Geheimnisse auch über den Tod des Patienten hinaus wahren. Ich werde mit allen meinen Kräften die Ehre und die edle Überlieferung des ärztlichen Berufes aufrechterhalten. Meine Kolleginnen und Kollegen sollen meine Schwestern und Brüder sein. Ich werde mich in meinen ärztlichen Pflichten meinem Patienten gegenüber nicht beeinflussen lassen durch Alter, Krankheit oder Behinderung, Konfession, ethnische Herkunft, Geschlecht, Staatsangehörigkeit, politische Zugehörigkeit, Rasse, sexuelle Orientierung oder soziale Stellung. Ich werde jedem Menschenleben von seinem Beginn an Ehrfurcht entgegenbringen und selbst unter Bedrohung meine ärztliche Kunst nicht in Widerspruch zu den Geboten der Menschlichkeit anwenden. Dies alles verspreche ich feierlich und frei auf meine Ehre.

Bundesärztekammer, www.bundesaerztekammer.de/downloads/Genf.pdf

1. Lies die Quelle aufmerksam.
2. Vergleiche die Neufassung des hippokratischen Eides mit dem antiken Original und halte Gemeinsamkeiten und Unterschiede in der Tabelle fest.

Gemeinsamkeiten	Unterschiede

3. Beurteile, ob ein ärztlicher Eid, der als Berufsanfänger zu Beginn der Laufbahn geschworen wurde, den täglichen Anforderungen eines Arztes heute noch gerecht werden kann.

Best.-Nr. 024738

Der hippokratische Eid – nur eine leere Formel?

2. Vergleiche die Neufassung des hippokratischen Eides mit dem antiken Original und halte Gemeinsamkeiten und Unterschiede in der Tabelle fest.

Gemeinsamkeiten	Unterschiede
• Dienst am Menschen • Ärztliche Schweigepflicht • Ehrfurcht dem Leben gegenüber • Heilkunst zum Wohl der Menschen • …	• Kein Schwur auf Götter • Lehrer werden nicht elterngleich geachtet • Kollegen werden als Schwestern und Brüder angesehen • Bezug auf Gleichberechtigung von allen Bevölkerungsgruppen • …

3. Beurteile, ob ein ärztlicher Eid, der als Berufsanfänger zu Beginn der Laufbahn geschworen wurde, den täglichen Anforderungen eines Arztes heute noch gerecht werden kann.

Individuelle Schülerantwort. Hervorgehoben werden kann die symbolische Bedeutung im feierlichen Rahmen. Ferner können die Schüler in Erwägung ziehen, dass ein solcher Eid weniger als ein Gesetz angesehen werden kann, als vielmehr eine grobe Richtlinie des täglichen Handelns darstellt.

Best.-Nr. 024738

Die Mittelalterapotheke – mehr als nur ein Kräutergarten?

Im Mittelalter kurierten die Menschen ihre Leiden mit Heilkräutern, da es Medikamente in unserem heutigen Sinne noch nicht gab. Die Klöster wurden durch einen königlichen Erlass im 9. Jh. dazu verpflichtet, Heilpflanzen anzubauen. Dabei orientierte man sich zum einen an den antiken Autoren, deren überlieferte Schriften Aufschluss über die Heilwirkung der Pflanzen gaben, und zum anderen an der sogenannten Volksheilkunde.

1. Schneide die Bilder der Heilpflanzen aus, ordne sie der entsprechenden Spalte in der Tabelle (AB 5 b) in Partnerarbeit zu und klebe sie ein.

✂

2. Kannst du den folgenden Patienten helfen? Stelle mithilfe deiner Heilkräuter eine geeignete Medizin zusammen.

*Mein Name ist **Ezechiel** und ich bin ein Bauer. Durch die anstrengende Feldarbeit habe ich starke Schmerzen in den Gelenken. Besonders nachts quälen mich diese rheumatischen Beschwerden und ich finde keinen Schlaf. Außerdem habe ich mich mit meiner scharfen Sichel bei der Heuernte geschnitten und diese Wunde will einfach nicht abheilen. Ich weiß nicht mehr weiter, bitte hilf mir!*	*Ich heiße **Hildegard** und bin die Frau des Bäckers. Am heißen Ofen, den ich mit Holz befeuere, habe ich mir den Arm verbrannt. Die Wunde nässt und schmerzt sehr. Seit der Armenspeisung juckt mir auch fürchterlich der Kopf. Ich befürchte, ich leide an Kopfläusen. Hoffentlich könnt Ihr mir bei meinen Beschwerden weiterhelfen. Ich muss meinem Gatten doch bei seiner Arbeit beistehen!*
*Ich bin **Otto**, der Steinmetz und arbeite auf der Baustelle der neuen Kathedrale. Da ich immer im Freien arbeiten muss, bin ich Wind und Wetter ausgesetzt. Seit einigen Tagen plagen mich fürchterliche Halsschmerzen, sodass ich Probleme beim Schlucken habe. Schlimm ist auch, dass ich kein Brot und Fleisch mehr essen kann, da meine Zähne schmerzen, manchmal blutet sogar mein Zahnfleisch. Wie soll ich bei Kräften bleiben, wenn ich nur noch Suppe essen kann? Ich habe Angst, dass ich meine Arbeit verliere. Ich brauche dringend Hilfe!*	*Man nennt mich **Gulliver**, den Meister der Schmiede. Aus glühendem Stahl schmiede ich Werkzeug, manchmal auch Schwerter. Doch das Schwingen des schweren Hammers zollt nun seinen Tribut. Ich habe mir diesen auf den Fuß fallen lassen und leide jetzt an einer fürchterlichen Prellung. Ich kann kaum noch auftreten. Ich traue mich kaum, es zu erzählen, denn es ist mir peinlich: Seit ich im Bach schwimmen war, brennt es beim Wasserlassen, wie es das Feuer der Schmiede bei mir zu Hause tut. Mit zwei Feuern aber kann ich nicht umgehen!*

Best.-Nr. 024738

Die Mittelalterapotheke – mehr als nur ein Kräutergarten?

Hier findest du eine Auswahl mittelalterlicher Heilkräuter:

Bild	Name	Wirkung
	Arnika	Hilft schnell bei Prellungen, Schwellungen, Venenentzündungen. Sie wirkt schmerzlindernd, entzündungshemmend und desinfizierend.
	Baldrian	War bereits in der Antike als Beruhigungs- und Einschlafmittel bekannt.
	Brennnessel	Gut für eine Entwässerungskur, denn sie liefert harntreibendes Kalium sowie Flavonoide. Auch zur Behandlung von rheumatischen Beschwerden geeignet.
	Eukalyptus	Bewährte Antierkältungspflanze: Ihr ätherisches Öl hemmt das Wachstum von Bakterien und Viren, verflüssigt Schleim und entkrampft.
	Kamille	Ist ein wahrer Alleskönner. Wirkt unter anderem desinfizierend bei Entzündungen und Verbrennungen und durch die krampflösende Wirkung angenehm bei Magen- und Bauchschmerzen.
	Koriander	Wurde als Tee bei Erkrankungen der Harnwege, auch bei Blasenentzündung, getrunken.
	Kümmel	Wurde als Magenmittel verabreicht, da er verdauungsfördernd wirkt. Auch fand er Anwendung als Einreibemittel gegen verschiedene Hautparasiten.
	Salbei	Heilmittel bei Entzündung des Zahnfleisches und kann als *„Zahnbürste"* des Mittelalters bezeichnet werden. Er half auch bei Zahnfleischbluten und gegen Halsschmerzen.
	Thymian	Wurde als Schmerzmittel bei offenen Wunden verabreicht. Er entkrampft, löst bei Husten den Schleim, bremst das Wachstum von Bakterien und Viren.

Best.-Nr. 024738

Die Mittelalterapotheke – mehr als nur ein Kräutergarten?

1. Schneide die Bilder der Heilpflanzen aus, ordne sie der entsprechenden Spalte in der Tabelle (AB 5 b) in Partnerarbeit zu und klebe sie ein.

Bild	Name	Wirkung
	***Arnika***	Hilft schnell bei Prellungen, Schwellungen, Venenentzündungen. Sie wirkt schmerzlindernd, entzündungshemmend und desinfizierend.
	***Baldrian***	War bereits in der Antike als Beruhigungs- und Einschlafmittel bekannt.
	***Brennnessel***	Gut für eine Entwässerungskur, denn sie liefert harntreibendes Kalium sowie Flavonoide. Auch zur Behandlung von rheumatischen Beschwerden geeignet.
	***Eukalyptus***	Bewährte Antierkältungspflanze: Ihr ätherisches Öl hemmt das Wachstum von Bakterien und Viren, verflüssigt Schleim und entkrampft.
	***Kamille***	Ist ein wahrer Alleskönner. Wirkt unter anderem desinfizierend bei Entzündungen und Verbrennungen und durch die krampflösende Wirkung angenehm bei Magen- und Bauchschmerzen.
	***Koriander***	Wurde als Tee bei Erkrankungen der Harnwege, auch bei Blasenentzündung, getrunken.
	***Kümmel***	Wurde als Magenmittel verabreicht, da er verdauungsfördernd wirkt. Auch fand er Anwendung als Einreibemittel gegen verschiedene Hautparasiten.
	***Salbei***	Heilmittel bei Entzündung des Zahnfleisches und kann als *„Zahnbürste“* des Mittelalters bezeichnet werden. Er half auch bei Zahnfleischbluten und gegen Halsschmerzen.
	***Thymian***	Wurde als Schmerzmittel bei offenen Wunden verabreicht. Er entkrampft, löst bei Husten den Schleim, bremst das Wachstum von Bakterien und Viren.

Best.-Nr. 024738

Die Mittelalterapotheke – mehr als nur ein Kräutergarten?

2. Kannst du den folgenden Patienten helfen? Stelle mithilfe deiner Heilkräuter eine geeignete Medizin zusammen.

Name	Beschwerden	Heilkräuter
Ezechiel	• Starke Schmerzen in den Gelenken • Rheumatische Beschwerden • Findet keinen Schlaf • Wunde	Brennnessel Baldrian Kamille
Hildegard	• Wunde nässt und schmerzt • Kopfjucken • Kopfläuse	Kamille Kümmel
Otto	• Halsschmerzen • Zahnschmerzen	Salbei Thymian
Gulliver	• Prellung • Schmerzen beim Wasserlassen	Arnika Koriander

Best.-Nr. 024738

Teste dein Wissen

Tabu

Das Spiel orientiert sich an den klassischen Tabu-Regeln, nach denen ein Begriff erklärt werden muss, ohne die dazugehörigen fünf Unterbegriffe und natürlich den Begriff selbst zu verwenden.

Dazu wird die Klasse in zwei Gruppen aufgeteilt. Ein Zeitwächter gibt zum Beispiel drei Minuten vor. Ein Mitglied der Gruppe, welche beginnen möchte, kommt nach vorne und versucht, in der vorgegebenen Zeit möglichst viele Begriffe zu erklären; seine Gruppe muss diese erraten. Pro richtigem Begriff erhält die Gruppe einen Punkt. Ist ein Begriff zu schwer, darf er weggelegt werden. Wird ein unerlaubter Begriff verwendet, folgt ebenfalls die nächste Karte. Deshalb steht ein Mitspieler der gegnerischen Gruppe auch vorne und überwacht die Tabu-Begriffe.

Kloster	**Mönch**	**Fastenzeit**
Mönch Nonne Kreuzgang Gebäude Gebet	Kloster beten Nonne Mann Tonsur	essen trinken Nahrung abnehmen Ostern
Tonsur	**Ordenstracht**	**Benedikt von Nursia**
Mönch Haare Frisur Kranz Rasieren	Kleidung Habit Kutte Gemeinschaft Individualität	Benediktiner Ordensgründer Einsiedler Abt Montecassino
Regula Benedicti	**Bibliothek**	**„Memento mori“**
Benedikt von Nursia Klosterregel Montecassino Anleitung Anfänger	Kloster Bücher leihen Wissenschaft Literatur	Ausdruck Leben Tod Barock Vanitas
„Ora et labora“	**Hippokratischer Eid**	**Klostergarten**
arbeiten beten Mönche Nonnen Aufgaben	Ärzte Verpflichtung Schwur Gelöbnis Ethik	Kräuter Medizin Blumen Mittelalter Wissenschaft

Best.-Nr. 024738

Teste dein Wissen

Apotheke	**Abt**	**Novize**
Medizin Tabletten Rezept Arzt Nebenwirkungen	Kloster Vorsteher Chef Amtszeit Prior	Kloster Mönch Nonne Lehrling neu
Nonne	**Einsiedler**	**Gemeinschaft**
Mönch Frau Kloster weiblich Mann	Mönch alleine Wüste Einsamkeit Eremit	Orden Gruppe Freunde eingeschworen Viele
Probezeit	**Armut**	**Seelenheil**
Zeitraum Prüfung Lehrling Novize neu	Reichtum Geld Kleidung Nahrung Wohnung	Himmel Hölle Taten Tod Menschen
Gottesdienst	**Hospital**	**Heilpflanze**
Kirche Sonntag Gebet Predigt Pfarrer	Krankenhaus Ärzte Kloster Pflege arm	Klostergarten Kräuter Medizin Blumen Wirkung
Kreuzgang	**Schlafsaal**	**Schreibstube**
Kloster Mönch Nonne Innenhof Aufenthalt	Abend Nacht Betten Raum Dormitorium	Buch Brief Skriptorium Mönch Malerei

Best.-Nr. 024738

Der zweite Stand – Adel

Überblick

In diesem Baustein finden Sie Arbeitsblätter zum Thema „Der zweite Stand – Adel". Im Gefüge der mittelalterlichen Ständeordnung nimmt der zweite Stand als herrschende Schicht eine entscheidende Rolle ein. Der Fokus liegt in diesem Baustein auf der Lebenswelt der Adligen. Burgen und Ritter üben auf Schülerinnen und Schüler eine gewisse Faszination aus. Dieser Tatsache soll hier Rechnung getragen werden. Ebenso sollen womöglich bisher unbekannte Lebensbereiche des mittelalterlichen Adels thematisiert werden, um das Bild zu komplettieren.

Arbeitsblatt 1 S. 30

- Das **Arbeitsblatt 1** befasst sich mit dem Lebensort der Adligen im Mittelalter: der Burg. Mithilfe der Leitfrage **Die Burg – ein sicherer Ort zum Leben?** sollen die wesentlichen Elemente einer Burg besprochen und deren besondere Funktion als Wohn- und Zufluchtsort thematisiert werden.

Arbeitsblatt 2 S. 32

- Unter der Leitfrage **Die Schwertleite – ein großes Fest für junge Knappen?** (AB 2) soll die Bedeutung einer Zeremonie hervorgehoben werden, die in der mittelalterlichen Welt den Übergang vom Kindes- zum Erwachsenenalter markiert.

Arbeitsblatt 3 S. 34

- Die **AB 3 a und b** thematisieren ritterliche Verhaltensweisen und Tischmanieren. Die Leitfrage **Die ritterlichen Tugenden – Werte von gestern?** schafft einen Gegenwartsbezug und knüpft so an die Lebenswirklichkeit der Schülerinnen und Schüler an.

Arbeitsblatt 4 S. 37

- Die Ausrüstungsgegenstände eines Ritters stehen im Mittelpunkt des **AB 4**. Hier werden unter der Leitfrage **Ritter – für den Kampf gerüstet?** die Waffen und Rüstungselemente eines mittelalterlichen Ritters erläutert.

Arbeitsblatt 5 S. 39

- Die **Arbeitsblätter 5 a und b** stellen die Rolle der adligen Frau im Mittelalter in den Fokus. Anhand von Abbildungen aus der Heidelberger Liederhandschrift und einer Textquelle sollen das Rollenverständnis und die Pflichten einer adligen Dame unter der Leitfrage **Adlige Frauen im Mittelalter – mehr als nur Haushälterinnen?** den Schülerinnen und Schülern nähergebracht werden.

Sachanalyse

Mittelalterliche Gesellschaft

Im Gefüge der mittelalterlichen Ständeordnung war der Adel ein Stand, der mit weitreichenden Privilegien ausgestattet war, zumal dieser Stand auch die herrschende Schicht bildete. Die vornehmste Aufgabe des Adels war es zu schützen, während sich der Klerus (1. Stand) um die geistlichen Belange und die Bauern (3. Stand) um die Versorgung mit Nahrungsmitteln kümmerte. Festzustellen ist, dass diese Einteilung in drei Stände die eigentlichen gesellschaftlichen Verhältnisse nur in vereinfachter Form wiedergibt, denn neben den Bauern zählten zum dritten Stand vor allem im Spätmittelalter auch die Bürger und Handwerker in den Städten. Auch innerhalb der einzelnen Stände herrschte ein gravierendes soziales Gefälle vor. Es wäre falsch anzunehmen, dass Adlige oder Kleriker stets wohlhabend waren. Es gab in jedem Stand ärmere und reichere Vertreter.

Die Burg als Lebensort

Mittelpunkt des adligen Lebens im Mittelalter war die Burg. Die Aufgabe dieses Bauwerkes war die Abwehr von Feinden, worauf die gesamte Architektur hin ausgelegt war. Von essenzieller Bedeutung war die Standortfrage. Burgen wurden stets an geografisch-strategisch günstigen Orten errichtet. Zumeist auf Bergen oder Hügeln angelegt, sollten Angreifer bereits beim Sturm auf die Festung gebremst werden. Die eigentliche Anlage wurde von einer massiven Ringmauer mit Wehrgängen umgeben, welche die Vorburg schützte. Hier waren meist große Flächen, sogenannte Zwinger abgeböscht, in denen wilde Tiere wie Bären oder Wölfe gehalten wurden. Eine zweite Ringmauer umgab die eigentliche Kernburg. Sowohl der Zugang zur Vorburg als auch der zur Kernburg wurde durch ein massives Holztor geschützt, das zusätzlich mit Eisenbeschlägen verstärkt wurde. Befand sich eine Burg auf ebenem Gelände, hoben die mittelalterlichen Baumeister als zusätzliches Hindernis einen Graben aus, der mit Wasser gefüllt wurde und über den eine Zugbrücke zum Tor führte.

Elemente einer Burg

Innerhalb der Kernburg befanden sich Wirtschafts- und Wohngebäude. Hier wurden Speisen zubereitet, es gab Vorratskammern für Getreide und auch die Stallungen der Tiere fanden in der Kernburg Platz. Bemerkenswert ist die Tatsache, dass sich die Küche in einem separaten Gebäudeteil befand, um die Brandgefahr zu minimieren. Die adlige Familie wohnte im sogenannten Palas, dem Hauptgebäude der Burg. Hier befand sich auch einer der wenigen beheizten Räume: die Kemenate – das Reich der Burgherrin. Hierhin zog sie sich mit ihrem Gesinde zurück und betrieb Spiele, musizierte oder vertrieb sich die Zeit mit Handarbeiten. Ein großer Kamin, der mit Holz beheizt wurde, sorgte im Raum für eine behagliche Wärme, waren die übrigen Räume – vor allem im Winter – doch recht kalt und ungemütlich. Sollte es den Angreifern dennoch gelingen, alle Verteidigungsmaßnahmen zu überwinden und in die Kernburg vorzudringen, suchte die adlige Familie im Bergfried, einem massiven Turm, Zuflucht. Da der untere Teil dieses Bauwerkes über keinerlei Zugang verfügte, um den Angreifern eben diesen zu erschweren, wurde hier auch ein Verlies eingerichtet, das nur über ein Loch im Boden der oberen Etagen zu erreichen war. Die Familie selbst erreichte die Schutzräume entweder über eine Leiter oder über einen Steg.

Die Schwertleite

Eines der hohen Feste im Kalender adliger Familien ist mit Sicherheit die Schwertleite. Das Nibelungenlied berichtet uns von einem solchen Ereignis. Auch wenn es sich bei dem mittelalterlichen Heldenepos um eine Sage handelt, liegt vielem darin doch ein wahrer Kern zugrunde, sodass dieser Text durchaus als authentische Quelle angesehen werden kann. Es ist die Rede von über 400 Jungen aus adligem Hause, die nun bereit sind, das Schwert zu empfangen. In der Regel nahmen junge adlige Männer im Alter von 21 Jahren an dieser Verleihung teil. Die eigentliche Ausbildung begann 14 Jahre früher. Im Alter von sieben Jahren wurden die Jungen in die Obhut eines Burgherrn gegeben, der auf seiner Burg die Ausbildung der Jungen zum Ritter zunächst als Pagen veranlasste. Zum Ende der Ausbildung erhielten die Jugendlichen die begehrte Waffe und wurden zum Ritter geschlagen. Dieses rituelle Fest hatte bei den adligen Männern einen enorm hohen Stellenwert, da hiermit endgültig der Übergang zur Volljährigkeit besiegelt wurde, etwa vergleichbar mit einem 18. Geburtstag, an dem die Volljährigkeit gefeiert wird.

Mit der Schwertleite einher geht auch die Verinnerlichung der ritterlichen Tugenden, wenn auch diese eher als anzustrebendes Ideal statt als Gesetz angesehen wurden. Über allem stand die maze – das rechte Maß in allen Dingen.

Ausbildung zum Ritter

Aber auch die ere, die Ehre, war von essenzieller Bedeutung. Weitere Ideale waren:

Ritterliche Tugenden

- milte gegenüber Schwachen (**Barmherzigkeit**)
- mit hohem muot und froide dem allmächtigen Gott und Lehnsherrn dienen
- zuht (**Zucht**)
- staete (**Beständigkeit**)
- triuwe (**Treue**)
- Sei hochgemut im Unglück
- beständig gegen alle Verwandten
- freigiebig
- tadellos im höfischen Geiste
- Gottesdienstbesuche
- Leben für den christlichen Glauben einsetzen
- die Kirche von ihren Drängern erlösen

Ritter im Mittelalter

Der Begriff „Ritter" meint im eigentlichen Sinne „Reiter". Anhand dieser Wortbedeutung kann man schon erkennen: Ritter sind berittene Soldaten. Bereits in der römischen Antike gehörten die Equites (Reiter) zu einer mit besonderen Vorrechten ausgestatteten Gesellschaftsklasse. Im Mittelalter waren Pferde derart kostbar, dass sich nur die Reichsten ein solches Nutztier anschaffen konnten. Ausgestattet mit dem Lehen eines höhergestellten Adligen, mussten sich die Ritter im Gegenzug dazu verpflichten, im Falle eines Krieges für ihren Lehnsherrn in die Schlacht zu ziehen. Ein weiteres Signum der Adligen war das Schwert. Eine sehr aufwendig produzierte Waffe, die zugleich enorm teuer war, konnte über Generationen hinweg vererbt werden. Die hochgepanzerten Ritter, die uns vor allem in Hollywoodfilmen begegnen, haben jedoch wenig mit der Realität gemein. Auf den Schlachtfeldern des hohen Mittelalters traf man vor allem Ritter in gepolsterten Waffenröcken und Kettenhemden an. Zur Verteidigung nutzten die Adligen einen Schild. Erst gegen Ende des Mittelalters wurden die Rüstungen immer massiver, um der immer weiter voranschreitenden Entwicklung der Bolzenwaffen Rechnung zu tragen. Spätestens mit der Erfindung der Feuerwaffen waren schwere Rüstungen ohnehin obsolet.

Aufgaben und Pflichten

Ausrüstung

Die Ausbildung der Mädchen

Während die Ausbildung der Jungen auf einer anderen Burg stattfand, wurden die Mädchen überwiegend von der Mutter zu Hause unterwiesen. Dabei spielte der soziale Stand eine wichtige Rolle bei der Erziehung und dem Unterricht. So wurden die jungen angehenden Burgdamen in Künsten wie beispielsweise dem Musizieren, aber auch dem Lesen oder dem Schachspiel unterrichtet. Schließlich mussten sie ja auch ihrer Rolle als Herrin einer Burg gerecht werden. Den Mädchen wurde auch das Schreiben beigbracht und sie wurden im Tanzen unterrichtet. Weniger Beachtung schenkte man bei der Erziehung haushaltlichen Fertigkeiten, denn es stand ja das Gesinde zur Verfügung. Wurden zu Beginn des Mittelalters die Mädchen noch in handarbeitlichen Tätigkeiten, wie dem Sticken und dem Nähen, unterwiesen, benötigte man doch bereits ab dem Hochmittelalter aufgrund der immer komplizierter werdenden Kleidungsstücke ausgefeiltere Fertigkeiten, sodass diese Aufgaben auch spezialisierte Fachkräfte übernahmen.

Ehe

Ab dem 14. Lebensjahr war es üblich, die Mädchen zu verheiraten. Da die Liebeshochzeit eine romantische Erscheinung des 19. Jahrhunderts ist, standen im Mittelalter vor allem machtpolitische Interessen im Vordergrund. Die Verbindung zweier Häuser konnte Macht, Einfluss und Wohlstand enorm vergrößern.

Methodisch-didaktische Analyse

AB 1

Eine erster Zugang zum Baustein **Der zweite Stand – Adel** soll über ein Thema geschehen, das die meisten Schülerinnen und Schüler mit dem Mittelalter verbinden: die Burg. Im Autorentext (**AB 1**) werden die wesentlichen Elemente einer Burg genannt. Erwähnt sei an dieser Stelle, dass es sich lediglich um ein stilisiertes Schema einer Burg handelt und nicht alle Elemente, die hier Verwendung finden, tatsächlich so in allen Burgen vorzufinden sind.

Hausaufgabe

Nachdem der Text bearbeitet und die Ergebnisse auf der Skizze gesichert wurden, bietet es sich an, die Leitfrage **Die Burg – ein sicherer Ort zum Leben?** zu beantworten. Es wäre denkbar diese im Plenum zur Diskussion zu stellen. Die Rechercheaufgabe bietet sich auch als **Hausaufgabe** an.

AB 2

Einen Einblick in ein mittelalterliches Fest bietet das **AB 2**. Die Übersetzung des mittelhochdeutschen Textes soll das Interesse der Schülerinnen und Schüler wecken. Häufig erweist sich eine solche Herausforderung für die Lernenden als reizvoll. Alternativ können auch bei schwächeren Lerngruppen zunächst nur einzelne Wörter erklärt werden, die Lehrkraft kann dann ergänzend in einem Unterrichtsgespräch den Text mit den Lernenden übersetzen.

Nach einer klassischen Textanalyse (lesen, markieren) sollen die Ergebnisse mithilfe der Aufgabe 3 gesichert werden. Durch das Einnehmen einer Rolle wird bei den Schülerinnen und Schülern erfahrungsgemäß Interesse geweckt. Die vierte Frage knüpft an die Lebenswirklichkeit der Lerngruppe an. Sicherlich gibt es viele Feste aus dem Alltag der Lernenden, über die diese berichten wollen. Hier bietet es sich auch an, die Leitfrage zu thematisieren. Der besondere Stellenwert der Schwertleite kann so herausgearbeitet werden. Leitfrage

Die **Arbeitsblätter 3 a und b** eignen sich für eine arbeitsteilige Gruppenarbeit. Die Klasse kann in zwei Hälften unterteilt werden. Während die eine Gruppe – auch in Partnerarbeit – die Quelle des **AB 3 a** bearbeitet, kann die andere Hälfte das **AB 3 b** bearbeiten. Es empfiehlt sich bei einer solchen Vorgehensweise, immer jeweils einem Schüler oder einer Schülerin eine OHP-Folie zur Sicherung zuzuteilen, auf der die Ergebnisse fixiert werden. So spart man bei der Ergebnissicherung wertvolle Zeit. Die Leitfrage **Die ritterlichen Tugenden – Werte von gestern?** schafft einen interessanten Gegenwartsbezug, da die Lernenden wahrscheinlich häufig mit Benimmregeln konfrontiert werden.

AB 3 a – b
AB 3a/b
Leitfrage

Das **AB 4** steht unter der Leitfrage **Für den Kampf gerüstet?** und soll den Lernenden die wesentlichen Ausrüstungsgegenstände der Ritter erläutern. Um die Schüleraktivierung zu erhöhen, bietet es sich an, das Arbeitsblatt auf eine OHP-Folie zu kopieren und die Schülerinnen und Schüler die Ergebnisse darauf fixieren zu lassen. AB 4

Die **Arbeitsblätter 5 a und b** thematisieren den Alltag einer adligen Dame. Erfahrungsgemäß ist bei vielen Schülerinnen und Schülern ein völlig anderes Frauenbild vorzufinden. Die weitläufig vertretene Meinung, adlige Frauen im Mittelalter seien maßgeblich für die Haushaltsführung verantwortlich gewesen und hätten ihren Alltag mit putzen, waschen und kochen bestritten, soll hier revidiert werden. Erfahrungsgemäß stoßen die kunstvoll verzierten Abbildungen der Heidelberger Liederhandschrift (Codex Manesse) bei den Lernenden auf eine großes Interesse. Daher wäre es an dieser Stelle sinnvoll, die technischen Möglichkeiten vorausgesetzt, eine Farbfolie anzufertigen und dem Plenum zu präsentieren. Alternativ zur mündlichen Beschreibung der Abbildungen kann die Lehrkraft auch einzelnen Gruppen jeweils eine Abbildung als OHP-Folie zuteilen und diese dann im Sinne einer Stoffsammlung genau beschriften lassen. Diese Methode nimmt zwar mehr Zeit in Anspruch, schult jedoch bei einer anschließenden Präsentation die Kompetenzen der Schülerinnen und Schüler. Die vergleichende Abschlussfrage schafft einen Gegenwartsbezug und soll so das Interesse der Schülerinnen und Schüler wecken.

AB 5 a – b
Alternative Gruppenarbeit

Die Burg – ein sicherer Ort zum Leben?

Der Knappe Albrecht ist ganz aufgeregt. Heute ist sein erster Tag auf der Burg Drachenstein. Hier soll er zum Ritter ausgebildet werden. Heinrich, der Verwalter, führt Albrecht durch die Burg …

… Unsere Burg ist eine der sichersten und wehrhaftesten im Land. Mit ihren mächtigen Ringmauern ist sie in der Lage, Feinde abzuwehren, und auf den Wehrgängen patrouillieren zusätzlich die Wachen. Hier vorne befindet sich der Hauptzugang: das massive Burgtor aus Eichenholz. Sollten Feinde es dennoch wagen, der Burg zu nahe zu treten, dann können sie was erleben. Direkt über dem Tor ist eine Pechnase, mit der heißes Pech über die Angreifer gegossen werden kann – Pech gehabt! Aber wenn man das Tor passiert, ist man noch lange nicht in der Burg. Man betritt erst die sogenannte Vorburg. Dieser Bereich ist von der Kernburg nochmals durch die innere Ringmauer getrennt. Zum weiteren Schutz ist das Gelände der Vorburg angeschrägt und in zwei großen Zwingern befinden sich freilaufende Wachhunde. Lass uns das innere Burgtor durchqueren … Hier befinden wir uns jetzt in der Kernburg. Sicherlich wunderst du dich über das geschäftige Treiben. Das liegt daran, dass nicht nur der Burgherr mit seiner Familie hier lebt, sondern auch viele Lebensmittel zubereitet werden und auch die Tiere sich hier aufhalten. Auf der rechten Seite siehst du das Backhaus und gegenüber die Burgküche. Hast du eigentlich eine Idee, warum die Küche vom Hauptgebäude, dem sogenannten Palas, getrennt ist? In den weiteren Gebäuden sind noch die Vorratskammern, Stallungen und die Wohnräume des Gesindes. Sollte es den Feinden im Falle eines Angriffs dennoch gelingen, unsere Verteidigunganlagen zu überwinden, kann sich die Familie unseres Herrn in diesen mächtigen Turm flüchten. Das ist der Bergfried. Ist dir aufgefallen, dass es hier unten überhaupt keine Tür zum Bergfried gibt?! Der Zugang erfolgt über eine kleine Luke in sieben Metern Höhe …

(Autorentext)

1. Lies den Text aufmerksam und markiere die wichtigen Bestandteile der Burg.
2. Beschrifte die Abbildung mit den in Aufgabe 1 markierten Elementen. Was erkennst du noch?
3. *Hast du eigentlich eine Idee, warum die Küche vom Hauptgebäude, dem sogenannten Palas, getrennt ist?* – Lege eine Tabelle mit möglichen Vor- und Nachteilen dieser Regelung an.
4. Recherchiere Informationen zu einer Burg in eurer Nähe und halte darüber ein Kurzreferat.

Best.-Nr. 024738

Die Burg – ein sicherer Ort zum Leben?

1. Lies den Text aufmerksam und markiere die wichtigen Bestandteile der Burg.

2. Beschrifte die Abbildung mit den in Aufgabe 1 markierten Elementen. Was erkennst du noch?

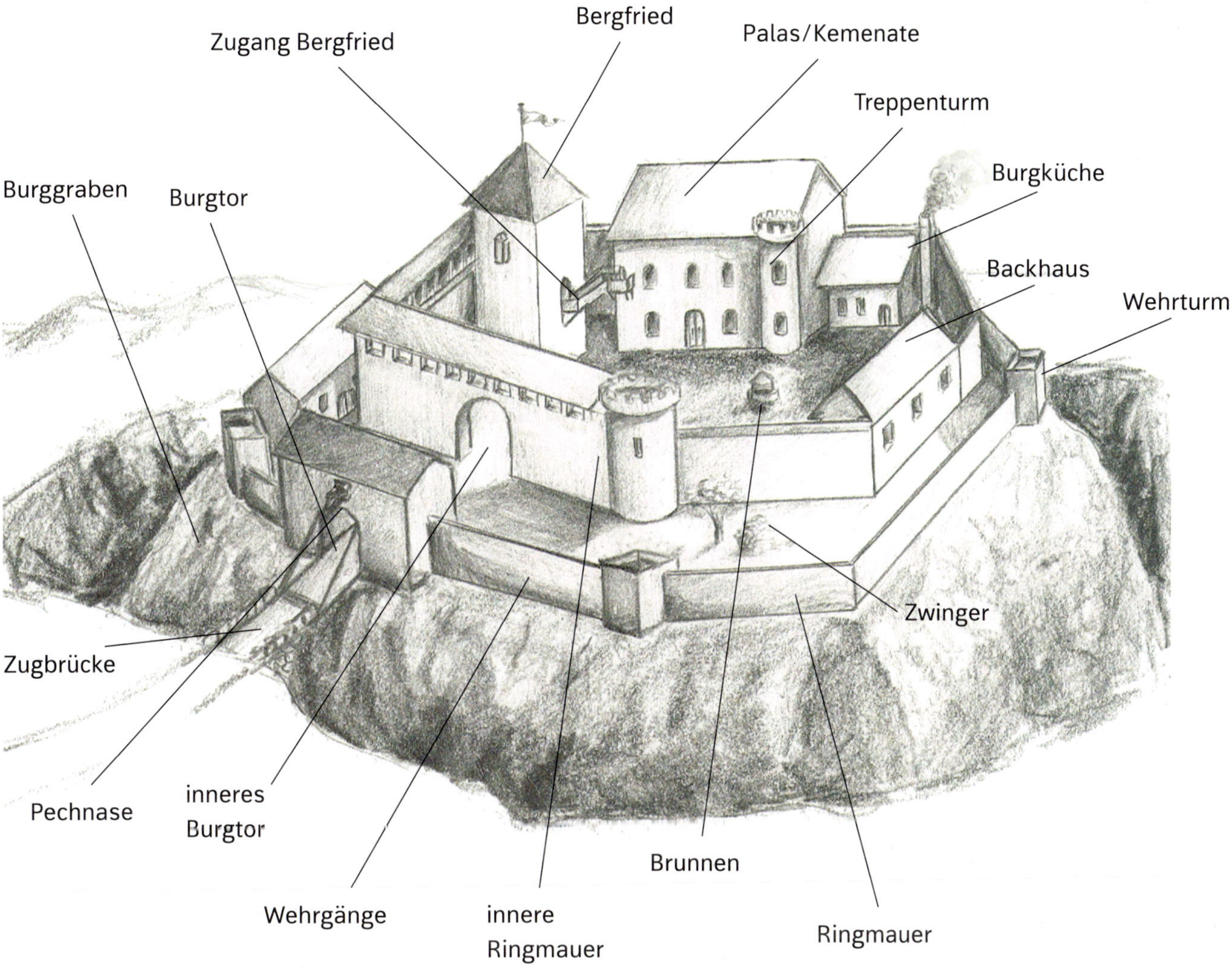

3. *Hast du eigentlich eine Idee, warum die Küche vom Hauptgebäude, dem sogenannten Palas, getrennt ist?*
– Lege eine Tabelle mit möglichen Vor- und Nachteilen dieser Regelung an.

Vorteile	Nachteile
• Brandgefahr ist minimiert • keine Essensgerüche • kein Qualm im den Räumen • Herren werden nicht durch Lärm belästigt • ...	• lange Wege • keine direkten Absprachen möglich • Essen kann auskühlen • ...

4. Recherchiere Informationen zu einer Burg in eurer Nähe und halte darüber ein Kurzreferat.
Individuelle Schülerantwort.

Best.-Nr. 024738

Die Schwertleite – ein großes Fest für junge Knappen?

Der folgende Text stammt aus dem Nibelungenlied, einem der berühmtesten und auch ältesten deutschen Heldensagen. Es ist nicht genau bekannt, wer der Verfasser ist. Entstanden ist die Sage um das Jahr 1200 und sie ist in mittelhochdeutscher Sprache verfasst.

Mittelhochdeutsch	Neuhochdeutsch
Do wuohs in Niderlanden eins edeln kuniges chint,	
des vater der hiez Sigemunt, sin muoter Sigelint,	
in einer richen burge, witen wol bechant,	
nidene bi dem Rine, diu was ze Santen genant	

Siegfried wuchs in den Niederlanden als Sohn von König Siegmund und Königin Sieglind auf. Siegfried hatte trotz seiner jungen Jahren schon zahlreiche heldenhafte Abenteuer bestritten und die Frauen aller Länder schwärmten von ihm, wenn sie seinen Namen hörten. Doch auch die tapfersten Ritter stürmten von nah und fern nach Xanten, um Siegfried zum Ritter auszubilden. Nicht weniger glanzvoll wie der junge Siegfried war auch das Fest, welches seine Eltern Siegmund und Sieglinde zu ihres Sohnes Ehren veranstalteten. Das Herrscherpaar zu Xanten lud alle jungen Männer von nah und fern, die in diesem Frühling bereit waren, das Schwert zu empfangen, auf ihre Burg ein. Mindestens 400 von ihnen waren es und alle von hohem Geschlecht. Ganze sieben Tage lang währte das beeindruckende Fest. Die heiligen Messen waren prunkvoller als je zuvor und auch die Reiterspiele suchten ihresgleichen, während die mächtigen Burgmauern unter dem Getöse der eifernden Menge zu zittern begannen. Die Kampfesplätze glänzten nach den Turnieren in allen erdenklichen Farben, weil die kostbarsten Edelsteine von den Rüstungen der tapferen Ritter gesprungen waren. Und wäre überhaupt irgendjemand als armer Mann, gleich Bettler oder Berber nach Xanten gereist, als reicher Mann wäre er von dannen gezogen. Und der König war sich durchaus bewusst, wie man sich die Gunst seiner Gäste erwirbt, und übergoss diese mit den edelsten Kostbarkeiten, Gold, Silber und Juwelen waren seine Geschenke, so üppig, dass man meinen könnte, er werfe sie mit beiden Händen zum Fenster hinaus. Doch dem nicht genug, überhäufte er seine Vasallen mit Lehen und den kostbarsten Ländereien. Siegfried aber war dieser Prunk so fern, sein einzig Sinnen und Trachten lag darin, Rüstung und Schwert anzulegen und sich todesmutig in den Kampf zu stürzen.

(Autorentext)

1. Die Verse sind in Mittelhochdeutsch verfasst, eine frühe Form des Deutschen, die man im Mittelalter sprach. Übersetze die Verse in neuhochdeutsche Sprache.
2. Lies den Text über die Schwertleite aufmerksam und markiere Textstellen, die Auskunft über die Durchführung und den Ablauf einer Schwertleite geben.
3. Versetze dich in die Lage des Hofmeisters von König Siegmund. Verfasse für die Burgchroniken ein Protokoll zur Organisation und zum Ablauf einer Schwertleite-Feier.
4. Berichtet in der Klasse über Feste, die in eurer Familie gefeiert werden und die einen ganz besonderen Stellenwert einnehmen.

Best.-Nr. 024738

Die Schwertleite – ein großes Fest für junge Knappen?

1. Die Verse sind in Mittelhochdeutsch verfasst, eine frühe Form des Deutschen, die man im Mittelalter sprach. Übersetze die Verse in neuhochdeutsche Sprache.

Mittelhochdeutsch	Neuhochdeutsch
Do wuohs in Niderlanden eins edeln kuniges chint, des vater der hiez Sigemunt, sin muoter Sigelint, in einer richen burge, witen wol bechant, nidene bi dem Rine, diu was ze Santen genant	Es wuchs in den Niederlanden eines edlen Königs Kind, dessen Vater hieß Siegmund und dessen Mutter hieß Sieglinde. Sie lebten in einer reichen Burg, die weithin wohlbekannt war, nieder am Rhein (am Niederrhein). Diese wurde Xanten genannt.

2. Lies den Text über die Schwertleite aufmerksam und markiere Textstellen, die Auskunft über die Durchführung und den Ablauf einer Schwertleite geben.
Mögliches Tafelbild:

Die Schwertleite – ein großes Fest für junge Knappen?

- glanzvoll
- junge Männer von nah und fern werden auf die Burg eingeladen
- mindestens 400 von ihnen
- alle von hohem Geschlecht
- sieben Tage währte das beeindruckende Fest
- heilige Messen waren prunkvoller als je zuvor
- Reiterspiele suchten ihresgleichen

- eifernde Menge
- Ritter trugen mit Edelsteinen besetzte Rüstungen
- als reiche Männer wären arme Bettler gegangen, weil der König so großzügig war
- er übergoss die Vasallen mit den edelsten Kostbarkeiten und Ländereien

3. Versetze dich in die Lage des Hofmeisters von König Siegmund. Verfasse für die Burgchroniken ein Protokoll zur Organisation und zum Ablauf einer Schwertleite-Feier.
Individuelle Schülerantwort, wobei darauf zu achten ist, dass die Schülerinnen und Schüler die herausgearbeiteten Aspekte mit einbeziehen.

4. Berichtet in der Klasse über Feste, die in eurer Familie gefeiert werden und die einen ganz besonderen Stellenwert einnehmen.
Individuelle Schülerantwort. Denkbar wäre, dass die Lernenden über ihre Kommunion, Konfirmation über Hochzeiten oder sonstige Festtage berichten, die in der Familie einen besonderen Stellenwert haben.

Best.-Nr. 024738

Die ritterlichen Tugenden – Werte von gestern?

Stellt euch vor, ihr arbeitet als wissenschaftlicher Mitarbeiter von Professor Dr. Parzival. Bei Ausgrabungen in einer Burg seid ihr auf Fragmente alter Texte gestoßen ...

Text a

Diese ritterlichen Tugenden seien Richtschnur für das Verhalten adliger Ritter: Über allem stehe die ere. Diese erreicht man vor allem durch milte gegenüber Schwachen und Armen. Außerdem sollen die Ritter mit hohem muot und froide dem allmächtigen Gott und dem Lehnsherrn dienen. Den Alltag gestaltet der Ritter durch zuht. Dies erreicht man am ehesten durch maze, staete, triuwe. Nur so kann man ein guter Ritter sein ...
Sei hochgemut im Unglück, beständig gegen alle Verwandten, freigiebig gegen alle, tadellos im höfischen Geiste und ehrenfest in männlichen Tugenden, höre täglich die Messe und setze dein Leben für den christlichen Glauben ein, erlöse die Kirche von ihren Drängern ...

1. Markiere im Text a die ritterlichen Tugenden.
2. Trage diese in die Stoffsammlung ein und versuche, sie ins Neuhochdeutsche zu übersetzen.
3. Welche dieser ritterlichen Tugenden sind denn heute immer noch aktuell, welche erscheinen veraltet. Begründe deine Meinung.
4. Verfasse für das Buch „Gutes Benehmen" eine Übersicht mit aktuell gültigen Verhaltensregeln.

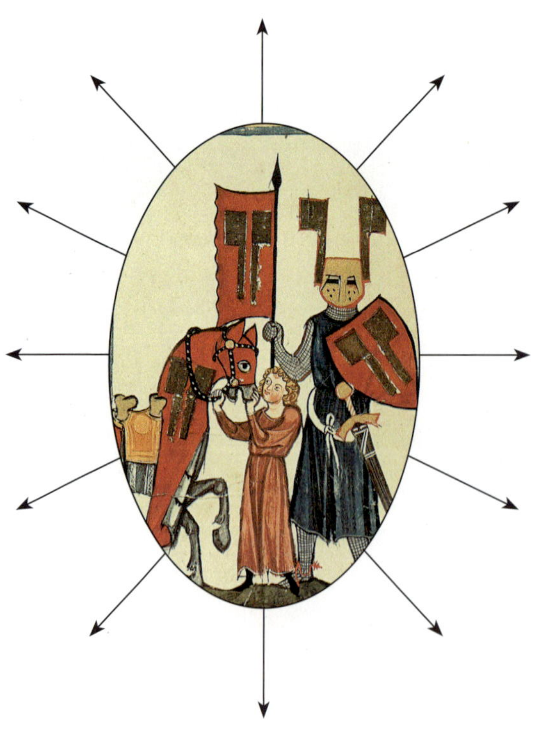

Die ritterlichen Tugenden – Werte von gestern?

Text b

Man möge sich vor dem Essen die Hände waschen
Man beginne nie vor anderen
Lasset die Hände aus der Schüssel und benetzet die Speisen nicht mit Speichel durch Pusten
Achte darauf, dir nicht allzu große Stücke in den Mund zu stopfen
Behalte die Speisen bei dir – sprich daher nicht mit vollem Mund
Kratze dich nicht am Leib oder Kopf, auf dass kein Ungeziefer vom Körper ins Essen falle
Trinke nie mit vollem Munde, sodass keine Essensreste im Kelche schwimmen
Stütze dich nicht mit den Ellenbogen auf dem Tische ab

1. Halte die wichtigsten Tischsitten im Mittelalter in der Stoffsammlung in eigenen Worten fest.
2. Unterstreiche diejenigen Sitten, die du als veraltet erachtest, rot, diejenigen, die du als zeitgemäß erachtest, grün.
3. Verfasse für das Buch „Gutes Benehmen“ eine Übersicht mit aktuell gültigen Tischmanieren.

Die ritterlichen Tugenden – Werte von gestern?

➡ Zu AB 3 a

1. Markiere im Text a die ritterlichen Tugenden.

2. Trage diese in die Stoffsammlung ein und versuche, sie ins Neuhochdeutsche zu übersetzen.

- ere (**Ehre**)
- maze (**Maß**), staete (**Beständigkeit**), triuwe (**Treue**)
- freigiebig
- beständig gegen alle Verwandten
- Gottesdienstbesuche
- Leben für den christlichen Glauben einsetzen
- Kirche beschützen
- tadellos im höfischen Geiste
- Sei hochgemut im Unglück
- zuht (**Zucht**)
- mit hohem muot und froide dem allmächtigen Gott und Lehnsherrn dienen
- milte gegenüber Schwachen (**Barmherzigkeit**)

3. Welche dieser ritterlichen Tugenden sind denn heute immer noch aktuell, welche erscheinen veraltet. Begründe deine Meinung.
Individuelle Schülerantwort.

4. Verfasse für das Buch „Gutes Benehmen“ eine Übersicht mit aktuell gültigen Verhaltensregeln
Individuelle Schülerantwort.

➡ Zu AB 3 b

1. Halte die wichtigsten Tischsitten im Mittelalter in der Stoffsammlung in eigenen Worten fest.

- …
- darauf achten, nicht zu gierig zu sein
- nicht mit vollem Mund sprechen
- nicht mit vollem Mund trinken
- nicht auf dem Tisch abstützen
- …
- …
- …
- nicht kratzen
- Hände aus der Schüssel
- nie vor anderen beginnen
- vor dem Essen die Hände waschen

2. Unterstreiche diejenigen Sitten, die du als veraltet erachtest, rot, diejenigen, die du als zeitgemäß erachtest, grün.
Individuelle Schülerantwort.

3. Verfasse für das Buch „Gutes Benehmen“ eine Übersicht mit aktuell gültigen Tischmanieren.
Individuelle Schülerantwort.

Best.-Nr. 024738

Ritter – für den Kampf gerüstet?

Ritter waren im Mittelalter Adlige, die ihrem Herrn die Treue geschworen hatten. Mit diesem Schwur ging einher, dass die Ritter auch für ihren Herrn in den Krieg zogen. Der Begriff „Ritter“ ist eng mit dem Wort „Reiter“ verbunden und zeigt, dass die Ritter zu Pferde in den Kampf zogen. Im Gespräch mit seinem Knappen erklärt Ritter Bernd die wichtigsten Ausrüstungsgegenstände:

So mein Knappe, es ist an der Zeit, dass ich dich in der Waffenkunde unterweise. Unsere vornehmste Waffe ist das Schwert. Sie ist zugleich Zeichen unseres Standes. Unzählige Arbeitsstunden hat der Schmied darin investiert. Aus diesem Grunde ist es auch sehr teuer. Um uns zu schützen, verwenden wir einen Dreiecksschild. Diesen können wir noch mit einem Tuch beziehen, auf das unser Wappen gedruckt ist. So können wir trotz unserer Rüstung gut erkannt werden. Unseren Leib schützen wir mit einem Brustpanzer. Der besteht aus miteinander verbundenen Metallplatten. Du kannst dir vorstellen, dass er unheimlich schwer ist. Dadurch bietet es aber auch einen guten Schutz vor den Hieb- und Stichwaffen unserer Feinde. Weil der Panzer so schwer ist, muss man darunter immer einen gepolsterten Waffenrock tragen. Das ist ein Gewand, bestehend aus mehreren Lagen Stoff. Arm- und Beinschienen aus Metall schützen uns im Kampf. An wichtigsten ist aber der Helm, auch Eisenhut genannt. Bei geschlossenem Visier kann man zwar kaum etwas sehen, aber Sicherheit muss sein!

(Autorentext)

1. Markiere im Text alle Ausrüstungsgegenstände eines Ritters.
2. Beschrifte anschließend die Abbildung.
3. Lege eine Tabelle mit möglichen Vor- und Nachteilen dieser Ausrüstungsgegenstände an.
4. Allmählich verschwanden die gepanzerten Reiter. Stelle Vermutungen darüber an, warum die Ritter im Laufe der Zeit an Bedeutung verloren.

Best.-Nr. 024738

Ritter – für den Kampf gerüstet?

1. Markiere im Text alle Ausrüstungsgegenstände eines Ritters.

2. Beschrifte anschließend die Abbildung.

3. Lege eine Tabelle mit möglichen Vor- und Nachteilen dieser Ausrüstungsgegenstände an.

Vorteile	Nachteile
• guter Schutz • starke Waffen • stabile, haltbare Ausrüstung • ...	• Gewicht der Rüstung • eingeschränkte Sicht • eingeschränkte Bewegungsfreiheit • sehr hoher Preis

4. Allmählich verschwanden die gepanzerten Reiter. Stelle Vermutungen darüber an, warum die Ritter im Laufe der Zeit an Bedeutung verloren.

Im Laufe der Jahre schritt die Technologisierung der Waffen immer weiter voran. Mit der Entwicklung der Bolzenschusswaffen (v. a. Armbrust) mussten die Panzerungen der Soldaten immer stärker und schwerer werden, um weiterhin einen wirksamen Schutz zu gewährleisten. Spätestens mit der Erfindung von Feuerwaffen wurde eine solche Panzerung obsolet.

Best.-Nr. 024738

Adlige Frauen im Mittelalter – mehr als nur Haushälterinnen?

Die folgenden Abbildungen stammen aus dem Codex Manesse, der sogenannten Heidelberger Liederhandschrift. Es handelt sich um ein extrem seltenes Werk, das eine Sammlung mittelalterlicher Schriften beinhaltet. Besonders bemerkenswert sind die wunderschön gestalteten Illustrationen.

1. Beschreibe, welche Tätigkeiten die Frauen auf den Abbildungen verrichten.
2. a) Erläutere, welche Rückschlüsse diese Tätigkeiten auf den sozialen Stand der Frauen zulassen.
   b) Gibt es weitere Hinweise? Formuliere hierzu eine begründete Antwort.
3. Erläutere, welchen Tätigkeiten eine moderne Frau nachgeht, und stelle diese den Aufgaben mittelalterlicher Damen gegenüber.
4. Verfasse einen Brief an eine mittelalterliche Dame und schildere mögliche Vor- und Nachteile des Alltagslebens einer Frau der Moderne.

①

②

③

④

⑤

⑥

Best.-Nr. 024738

Adlige Frauen im Mittelalter – mehr als nur Haushälterinnen?

1. Beschreibe, welche Tätigkeiten die Frauen auf den Abbildungen verrichten.

Abbildung	Tätigkeit
1	Zwei Frauen sitzen in einem Garten. Die linke Frau hält ein offenes Buch in der Hand. Sie scheint zu lesen, während die rechte Frau sich darüber zu unterhalten scheint.
2	Drei Frauen sind um einen Tisch gruppiert. Am rechten Bildrand füllt ein Mann höchstwahrscheinlich Trüffel in eine Waage. Die Frauen gestikulieren mit ihren Händen.
3	Drei Frauen sitzen in einem gotischen Raum. Die linke Frau spielt auf einer Fidula, die rechte auf einer Flöte. Die Frau in der Mitte ist ohne Instrument abgebildet. Sie scheint aufmerksam zuzuhören.
4	In einem Boot sitzen vier Frauen mit unterschiedlichen Kopfbedeckungen. Jeweils die beiden äußeren Frauen halten ein Ruder, die beiden Frauen in der Mitte unterhalten sich. Außerdem hat die Frau links der Mitte einen kleinen Schoßhund.
5	Zwei Frauen spielen auf einer gepolsterten Bank gegeneinander Schach. Im Vordergrund spielt zur Unterhaltung eine Kapelle bestehend aus zwei Fanfarenbläsern, einem Trommler und einem Sackpfeifenspieler.
6	Es befinden sich vier Personen auf dem Bild: drei Frauen und ein in Rüstung gekleideter Ritter. Der Ritter hält zwei der Frauen an der Hand. Sie scheinen verzückt. Die rechte Frau spielt auf einer Fidula.

2. a) Erläutere, welche Rückschlüsse diese Tätigkeiten auf den sozialen Stand der Frauen zulassen.
Die verrichteten Tätigkeiten weisen darauf hin, dass es sich um Frauen aus der Oberschicht handelt. Sie sind gebildet, da sie Schach spielen können und Musikinstrumente beherrschen. Außerdem können sie lesen. All das war im Mittelalter die absolute Ausnahme und lediglich adligen Frauen vorbehalten. Auch sieht man die Frauen keine körperlichen Arbeiten verrichten. Auf vielen Abbildungen gehen sie Freizeitvergnügungen nach. Dies lässt den Schluss zu, dass sie für ihren Lebensunterhalt nicht arbeiten müssen.

b) Gibt es weitere Hinweise? Formuliere hierzu eine begründete Antwort.
Zugehörigkeit zum Adel: aufwendige Kleidung, das Schoßhündchen, kostspielige Genussmittel (Trüffel) ...

3. Erläutere, welchen Tätigkeiten eine moderne Frau nachgeht, und stelle diese den Aufgaben mittelalterlicher Damen gegenüber.

Aufgaben der mittelalterlichen Dame	Tätigkeiten einer modernen Frau
• Unterhaltung • Freizeitvergnügungen • Tätigen der Einkäufe • Hinwendung zu Kunst und Musik	• Haushaltsführung • Arbeit/Karriere • Kindererziehung • Sport/Musikunterricht

Festzuhalten ist, dass moderne Frauen zwar auch einen großen Teil mit Freizeitvergnügungen verbringen, diese jedoch im Gegensatz zu den mittelalterlichen Damen noch viel mehr mit Alltagsproblemen, wie dem Einkauf, der Haushaltsführung oder der Kindererziehung, beschäftigt sind. Die wenigsten Frauen haben heutzutage wohl einen größeren Personalstand.

4. Verfasse einen Brief an eine mittelalterliche Dame und schildere mögliche Vor- und Nachteile des Alltagslebens einer Frau der Moderne.
Individuelle Schülerantwort.

Best.-Nr. 024738

Adlige Frauen im Mittelalter – mehr als nur Haushälterinnen?

Das junge Burgfräulein Sigrid unterhält sich mit ihrer Mutter Gertrud über die Ausbildung junger adliger Mädchen:

Sigrid: „Meine liebste Mutter, ich freue mich schon darauf, wenn wir wieder Schach gegeneinander spielen."

Gertrud: „Oh, meine liebe Tochter, ja das freut mich auch. Du bist schon richtig geschickt geworden."

Sigrid: „Doch, Mutter, erkläre nur, welchen Nutzen ich daraus ziehe. Sollte ich nicht etwas Sinnvolleres lernen als Schach spielen und Musizieren?"

Gertrud: „Sigrid, du musst verstehen, dass wir einem besonderen Stand angehören. Wir sind Adlige und daher von Gott dazu bestimmt, über das einfache Volk zu herrschen."

Sigrid: „Ja, aber was hat das denn mit meiner Ausbildung hier am Hofe zu tun?"

Gertrud: „Besondere Mädchen bekommen eine besondere Ausbildung. Du wirst nächstes Jahr 14 Jahre alt und das bedeutet, dass du heiraten wirst. Verlobt bist du ja schon mit Ritter Bernd. Dann erwarten dich große Aufgaben; du wirst dann selbst eine Burgherrin sein und das Gesinde befehligen müssen. Darauf will ich dich vorbereiten."

Sigrid: „Hm ... das kann ich ja gerade noch nachvollziehen, doch wozu dann der Musik- und Tanzunterricht?"

Gertrud: „Nun, am Hofe gibt es allerlei Festlichkeiten. Da erfordert es das Protokoll, dass die Damen mit den Herren tanzen. Und du weißt ja selbst, wie kompliziert die Schritte sind. Und wenn dein Gemahl wieder einmal auf der Jagd ist oder sich auf einem Feldzug befindet, wirst du froh sein, dir mit etwas Musik die Zeit vertreiben zu können. Alle anderen Tätigkeiten, wie putzen, kochen, nähen oder waschen, sind für eine junge Dame deines Standes ohnehin nicht von Bedeutung. Dafür hast du das Gesinde, diese Aufgaben für dich übernimmt ..."

(Autorentext)

1. Arbeite aus dem Text heraus, worin die Ausbildung adliger Mädchen maßgeblich bestand.
2. Legt eine Tabelle an und stellt die mittelalterliche Ausbildung der heutigen gegenüber.
3. Erläutere in eigenen Worten, weshalb die jungen Mädchen in diesen Fertigkeiten ausgebildet wurden.
4. Was zeigt dies über das Rollenbild der mittelalterlichen adligen Frau?
5. Sigrid war noch nie in der Schule, denn sie wurde von ihrer Mutter zu Hause unterrichtet und ausgebildet. Verfasse einen Brief an Sigrid, in welchem du die Vor- und Nachteile des heutigen Schulsystems schilderst.

Best.-Nr. 024738

Adlige Frauen im Mittelalter – mehr als nur Haushälterinnen?

1. Arbeite aus dem Text heraus, worin die Ausbildung adliger Mädchen maßgeblich bestand.
Die adligen Mädchen wurden in Künsten und Gesellschaftsformen ausgebildet. Sie lernten Schach, Tanz, musizieren, lesen und schreiben.

2. Legt eine Tabelle an und stellt die mittelalterliche Ausbildung der heutigen gegenüber.

Mädchen im Mittelalter	Heutige Mädchen
• Schach • Tanz • Musik • Lesen • Schreiben • höfische Umgangsformen	• schulische Ausbildung • Lesen, Rechnen, Fremdsprachen • Sport • Musik • Kunst • ...

3. Erläutere in eigenen Worten, weshalb die jungen Mädchen in diesen Fertigkeiten ausgebildet wurden.
Junge adlige Mädchen wurden, wie die Kinder des dritten Standes auch, auf ihre zukünftige Rolle als Burgherrinnen vorbereitet. Dafür waren die sozialen und höfischen Umgangsformen unerlässlich. Auch das Lesen und Schreiben, sowie das Musizieren und Tanzen gehörten dazu. Häusliche Fertigkeiten brauchten junge Mädchen nicht zu besitzen, da genügend Personal für sie sorgte.

4. Was zeigt dies über das Rollenbild der mittelalterlichen adligen Frau?
Die mittelalterliche Dame war fest in ihrem Stand verwurzelt. Entsprechend waren auch die Tätigkeiten, die eine Burgherrin ausführte klar definiert, was sich wiederum in der Ausbildung widerspiegelte.

5. Sigrid war noch nie in der Schule, denn sie wurde von ihrer Mutter zu Hause unterrichtet und ausgebildet. Verfasse einen Brief an Sigrid, in welchem du die Vor- und Nachteile des heutigen Schulsystems schilderst.
Individuelle Schülerantwort.

Best.-Nr. 024738

Teste dein Wissen

J	L	U	L	Z	E	K	H	N	G	D	U	V	Q	V	H	X	Z	L	T	S	Y
G	D	U	W	U	A	C	O	B	E	R	G	F	R	I	E	D	M	G	Z	M	K
R	X	L	C	G	L	L	C	O	N	T	Z	W	Z	J	H	H	Q	T	A	N	Z
N	S	J	G	B	R	H	U	C	B	Q	W	B	S	G	S	B	C	V	G	M	I
S	N	K	Y	R	H	K	Y	F	S	R	A	J	C	S	C	S	K	X	P	G	I
C	I	X	H	Ü	W	E	W	N	B	N	F	D	H	I	H	T	P	A	L	A	S
U	B	Q	N	C	H	M	F	R	R	U	F	S	W	B	W	F	W	I	Z	Y	D
S	E	T	S	K	Y	E	P	H	I	W	E	E	E	K	E	K	G	R	U	S	H
U	L	S	D	E	L	N	O	Y	N	R	N	X	R	A	R	G	R	W	B	X	E
M	U	O	N	A	O	A	E	J	G	X	R	X	T	Y	T	I	A	M	E	N	L
B	N	O	W	E	U	T	D	K	M	P	O	H	R	P	L	R	B	V	I	H	M
Z	G	S	U	B	Y	E	O	V	A	S	C	A	Q	J	E	I	E	Y	N	K	E
T	E	C	C	M	W	I	K	Z	U	K	K	C	M	IT	I	T	N	W	S	K	K
J	N	S	L	E	S	E	N	L	E	G	O	X	U	A	T	U	Q	O	C	A	E
O	L	V	L	V	Q	N	D	R	R	B	C	M	S	S	E	H	P	S	H	J	T
F	I	V	C	R	Y	V	U	Y	K	R	N	B	I	D	K	V	M	D	I	Y	T
M	E	F	S	C	H	R	E	I	B	E	N	Y	K	Y	S	V	D	D	E	V	E
K	D	T	M	Z	D	M	Z	P	B	L	Y	Q	F	M	V	C	M	R	N	J	N
M	B	O	E	D	R	E	I	E	C	K	S	S	C	H	I	L	D	O	E	X	H
Z	K	R	V	O	K	O	I	U	K	H	Q	C	X	B	U	A	Y	L	N	N	E
S	J	O	W	E	H	R	G	A	N	G	H	N	C	O	G	A	A	K	G	G	M
Z	I	P	M	T	H	L	L	H	T	Z	X	G	S	C	H	A	C	H	J	K	D

Diese Wörter sind versteckt:

① Schach
② Tanz
③ Musik
④ Lesen
⑤ Schreiben
⑥ Schwert
⑦ Beinschienen
⑧ Helm
⑨ Dreieicksschild
⑩ Kettenhemd
⑪ Waffenrock
⑫ Schwertleite
⑬ Nibelungenlied
⑭ Graben
⑮ Ringmauer
⑯ Wehrgang
⑰ Palas
⑱ Kemenate
⑲ Bergfried
⑳ Zugbrücke

Best.-Nr. 024738

Teste dein Wissen

J	L	U	L	Z	E	K	H	N	G	D	U	V	Q	V	H	X	Z	L	T	S	Y
G	D	U	W	U	A	C	O	B	E	R	G	F	R	I	E	D	M	G	Z	M	K
R	X	L	C	G	L	L	C	O	N	T	Z	W	Z	J	H	H	Q	T	A	N	Z
N	S	J	G	B	R	H	U	C	B	Q	W	B	S	G	S	B	C	V	G	M	I
S	N	K	Y	R	H	K	Y	F	S	R	A	J	C	S	C	S	K	X	P	G	I
C	I	X	H	Ü	W	E	W	N	B	N	F	D	H	I	H	T	P	A	L	A	S
U	B	Q	N	C	H	M	F	R	R	U	F	S	W	B	W	F	W	I	Z	Y	D
S	E	T	S	K	Y	E	P	H	I	W	E	E	E	K	E	K	G	R	U	S	H
U	L	S	D	E	L	N	O	Y	N	R	N	X	R	A	R	G	R	W	B	X	E
M	U	O	N	A	O	A	E	J	G	X	R	X	T	Y	T	I	A	M	E	N	L
B	N	O	W	E	U	T	D	K	M	P	O	H	R	P	L	R	B	V	I	H	M
Z	G	S	U	B	Y	E	O	V	A	S	C	A	Q	J	E	I	E	Y	N	K	E
T	E	C	C	M	W	I	K	Z	U	K	K	C	M	IT	I	T	N	W	S	K	K
J	N	S	L	E	S	E	N	L	E	G	O	X	U	A	T	U	Q	O	C	A	E
O	L	V	L	V	Q	N	D	R	R	B	C	M	S	S	E	H	P	S	H	J	T
F	I	V	C	R	Y	V	U	Y	K	R	N	B	I	D	K	V	M	D	I	Y	T
M	E	F	S	C	H	R	E	I	B	E	N	Y	K	Y	S	V	D	D	E	V	E
K	D	T	M	Z	D	M	Z	P	B	L	Y	Q	F	M	V	C	M	R	N	J	N
M	B	O	E	D	R	E	I	E	C	K	S	S	C	H	I	L	D	O	E	X	H
Z	K	R	V	O	K	O	I	U	K	H	Q	C	X	B	U	A	Y	L	N	N	E
S	J	O	W	E	H	R	G	A	N	G	H	N	C	O	G	A	A	K	G	G	M
Z	I	P	M	T	H	L	L	H	T	Z	X	G	S	C	H	A	C	H	J	K	D

Diese Wörter sind versteckt:

① Schach
② Tanz
③ Musik
④ Lesen
⑤ Schreiben
⑥ Schwert
⑦ Beinschienen
⑧ Helm
⑨ Dreieicksschild
⑩ Kettenhemd
⑪ Waffenrock
⑫ Schwertleite
⑬ Nibelungenlied
⑭ Graben
⑮ Ringmauer
⑯ Wehrgang
⑰ Palas
⑱ Kemenate
⑲ Bergfried
⑳ Zugbrücke

Best.-Nr. 024738

Baustein 3

Der dritte Stand – Bauern, Märchen und Feste

Überblick

In diesem Baustein finden Sie Arbeitsblätter zum Thema **„Der dritte Stand – Bauern, Märchen und Feste“**. Die Landbevölkerung des Mittelalters stellte den größten Bevölkerungsanteil dar. Ihr Leben war geprägt von Arbeit, Tod und Religiosität. Auf mannigfaltige Art und Weise haben sich diese Erfahrungen bis heute erhalten.

- Unter der Leitfrage **Mittelalterliche Siedlungen – Dörfer für die Ewigkeit?** (AB 1) soll die Kontinuität mittelalterlicher Siedlungen in den Fokus der Betrachtung rücken. Arbeitsblatt 1 S. 48
- Das **Arbeitsblatt 2** befasst sich unter der Leitfrage **Die Dreifelderwirtschaft – überholt und vergessen?** mit der mittelalterlichen Landwirtschaft. Arbeitsblatt 2 S. 49
- Das **Arbeitsblatt 3** thematisiert die mittelalterlichen Werkzeuge und hinterfragt mithilfe der Leitfrage **Mittelalterliche Arbeitsgeräte – Erfindungen für die Zukunft?** deren Auswirkung auf die Gegenwart. Arbeitsblatt 3 S. 51
- Das **Arbeitsblatt 4** nimmt mit der Leitfrage **Kindheit im Mittelalter – ein glückliches Leben auf dem Bauernhof?** die mittelalterliche Lebenswelt der Kinder in den Mittelpunkt. Arbeitsblatt 4 S. 53
- Das **Arbeitsblatt 5** thematisiert mittelalterliche Märchen und stellt mithilfe der Leitfrage **Mittelalterliche Märchen – nur schaurige Geschichten?** den Gegenwartsbezug her. Arbeitsblatt 5 S. 55
- Das **AB 6** betrachtet mit der Leitfrage **Bäuerliche Feste – mehr als eine Ablenkung?** die Gebräuche auf den Dörfern und deren heutige Relevanz. Arbeitsblatt 6 S. 56

Sachanalyse

Das Leben der mittelalterlichen Bauern war von Entbehrungen, Abgaben, Frondiensten und Krankheiten geprägt. Neben der harten Arbeit auf dem Hof und den hohen Abgaben an den Territorialherrn sorgten sich die Bauern vor allem vor Krankheit und Tod. Bedingt durch die schlechte Ernährungslage, unzureichende medizinische Versorgung und Kriege lag die durchschnittliche Lebenserwartung unter 40 Jahren. Viele noch heute bekannte Märchen wie Hänsel und Gretel beschreiben in eindrucksvoller Weise die Sorgen und Nöte der Menschen. Aus diesen Volksmärchen kann man ableiten, dass Hunger und Verzweiflung an der Tagesordnung waren. Aus diesem Grund mussten bereits die Kinder auf dem Hof hart mitarbeiten und kannten keine unbeschwerte Kindheit, so wie wir sie heute erleben dürfen. Kinder wurden als junge bzw. kleine Erwachsene angesehen und mussten sehr früh Verantwortung übernehmen. Jungs halfen auf dem Feld mit oder hüteten das Vieh auf der Weide, während die Mädchen im Haushalt halfen und das Essen kochten. Starb der Vater, so musste der älteste Sohn dessen Pflichten gegenüber dem Lehnsherrn und den Bauernhof übernehmen, wollte die Familie überleben. Besonders die Feldarbeit war entbehrungsreich und verlangte den Bauern viel Kraft ab. Allerdings wussten sich diese zu helfen und entwickelten im Laufe des Mittelalters Technologien und agrartechnische Systeme, die ihre Arbeit erleichterten und die Produktivität erhöhten. Zu nennen wäre hierbei der Pflug, der vom Pferd gezogen wurde und dabei die Erde auf dem Acker auflockerte und umpflügte. Im Vergleich zu vorherigen Methoden war dies ein enormer Fortschritt. Darüber hinaus entwickelten die Bauern die Dreifelderwirtschaft, welche aus der römischen Zweifelderwirtschaft hervorging. In einem Dreijahresrhythmus wurden abwechselnd drei Felder mit Sommer- und Wintergetreide bestellt, wobei das dritte brachlag. Die „Brache“ konnte sich somit er-

Märchen

Technologien
extensive Landwirtschaft

holen und im nächsten Jahr erneut Erträge einfahren. Diese Form der Landwirtschaft wird bis heute praktiziert und auch der Pflug wird noch immer verwendet, nur wird er heute von einem Traktor gezogen. Dennoch wurden die Felder und Äcker der mittelalterlichen Bauern bis aufs Letzte ausgelaugt und mussten deshalb bald aufgegeben werden. Diese Form der extensiven Landwirtschaft wird auch heute noch in Entwicklungsländern betrieben. Aus diesem Grund wanderten ganze Siedlungen binnen weniger Jahre von Standort zu Standort. Dennoch bescherten die neuen Innovationen dem mittelalterlichen Europa einen immensen Bevölkerungszuwachs. Dieser wurde jedoch durch viele Pestwellen gestoppt. Die einzige Ablenkung von ihrem monotonen und entbehrungsreichen Alltag bildeten für die
Dorffeste
Bauern die Dorffeste. Anlässe dazu lieferten Hochzeiten und andere Kirchenfeste. Dazu wurden lange Tische aufgestellt, Musikanten und Schauspieler eingeladen. Oftmals wurde dabei laut und ausgelassen gefeiert, denn die Menschen konnten auf diesen Festen ihre Sorgen vergessen. Die Ritter betrachteten die bäuerlichen Feste mit Abscheu und verspotteten die Bauerntänze, welche im Vergleich zu den ritterlichen Feierlichkeiten und Tänzen lauter und ungelenk erschienen.

Methodisch-didaktische Analyse

AB 1
Das **AB 1** ist für eine Schulstunde konzipiert und soll von den SuS in Eigenarbeit bearbeitet werden. Die Lernenden erfahren durch die Bearbeitung der Arbeitsaufträge, dass mittelalterliche Siedlungen oft aufgegeben worden sind, da die Böden in ihrer Umgebung bereits nach wenigen Jahren ausgelaugt waren. Speziell die erste Frage beschäftigt sich mit dieser Thematik. In diesem Zusammenhang kann die Lehrkraft im Plenum auch die Stundenfrage
Leitfrage
Mittelalterliche Siedlungen – Dörfer für die Ewigkeit? beantworten lassen. Die beiden anderen Arbeitsaufträge stellen den Gegenwartsbezug her, denn eine solche Form der extensiven Landwirtschaft ist in Deutschland aufgrund der dichten Besiedlung heute nicht mehr möglich. Vielmehr legen die heutigen Landwirte gesteigerten Wert darauf, die Fruchtbarkeit ihrer Äcker zu erhalten und zu fördern. Diese intensive Form der Landwirtschaft benötigt viel Wasser, Chemikalien und Dünger.

AB 2
Auch das **AB 2** hat die Landwirtschaft des Mittelalters zum Thema. Das Arbeitsblatt ist für eine Schulstunde ausgelegt und kann in Partnerarbeit bearbeitet werden. Die ersten drei Arbeitsaufträge sollen den Schülerinnen und Schüler die Dreifelderwirtschaft und deren Vorteile im Vergleich zur Antike aufzeigen. Mithilfe der Grafik sollten die Lernenden dabei keine Probleme haben. Im Rahmen der Besprechung dieser Aufgaben kann die Lehrkraft die Stundenfrage **Die Dreifelderwirtschaft – überholt und vergessen?** klären. Gut wäre es, wenn die SuS bereits Kenntnisse aus dem Fach Erdkunde mitbringen würden. Ansonsten bietet es sich an, den vierten Arbeitsauftrag zusammen mit einer Recherche zum Thema Dreifelderwirtschaft als Hausaufgabe aufzugeben.

AB 3
Das **AB 3** ist für eine Schulstunde in Einzelarbeit ausgelegt und beschäftigt sich mit den Erfindungen des Mittelalters. Der erste Arbeitsauftrag gewährleistet den Gegenwartsbezug. Durch den Vergleich der beiden Pflüge stellen die Schülerinnen und Schüler fest, dass diese mittelalterliche Erfindung noch heute verwendet wird. In diesem Zusammenhang und gemeinsam mit dem vierten Arbeitsauftrag kann die Stundenfrage **Mittelalterliche Ar-**
Leitfrage
beitsgeräte – Erfindungen für die Zukunft? beantwortet werden. Der zweite und der dritte Arbeitsauftrag dienen der Vertiefung.

AB 4
Das **AB 4** ist für eine Schulstunde konzipiert und beschäftigt sich mit der Kindheit im Mittelalter. Die Sozialform ist hier offen. Besonders die Lebenswelt auf dem Bauernhof wird dabei untersucht. Der erste Arbeitsauftrag soll darüber informieren, wie der Alltag eines Kindes ausgesehen hat. Zusammen mit dem zweiten Arbeitsauftrag kann man feststellen, wie unterschiedlich die Kindheit heute zu der im Mittelalter ist. Dies gewährleistet den Gegenwartsbezug. In der Besprechung dieser Aufgaben kann die Lehrkraft die Stundenfrage

Kindheit im Mittelalter – ein glückliches Leben auf dem Bauernhof? beantworten. Die letzten beiden Arbeitsaufträge dienen der Vertiefung und thematischen Auseinandersetzung. Leitfrage

Das **AB 5** nimmt erneut die Kindheit und Lebensumstände der Menschen im Mittelalter in den Blickpunkt. Dabei begrenzt sich die Sicht nicht nur auf den Bauernhof, sondern erstreckt sich auf arme Menschen generell. Im Fokus stehen hier deutsche Volksmärchen und deren Aussagen, welche wir heute noch interpretieren können. Sinnvoll wäre es hierbei, den Schülerinnen und Schülern eine vorbereitende Hausaufgabe aufzugeben. Sie sollen sich das Märchen „Hänsel und Gretel" vergegenwärtigen. Die Arbeitsaufträge sollen vermitteln, dass in alten Märchen oft ein Funken Wahrheit steckt und man Rückschlüsse auf die Lebensumstände ziehen kann. Besonders die dritte Aufgabe befasst sich mit diesem Umstand und im Rahmen ihrer Besprechung im Plenum kann die Stundenfrage **Mittelalterliche Märchen – nur schaurige Geschichten?** beantwortet werden. Als Hausaufgabe könnte man den Schülerinnen und Schülern aufgeben, noch weiter alte Volksmärchen wie **Dornröschen** oder **Aschenputtel** bezüglich ihres Wahrheitsgehalts und Aussagewerts zu analysieren und interpretieren. AB 5 Leitfrage

Das **AB 6** beschäftigt sich mit den Festen und Feiern der Bauern des Mittelalters und ist für eine Stunde konzipiert. Die Lernenden sollen die Aufgaben in Partnerarbeit bearbeiten. Die ersten beiden Arbeitsaufträge sensibilisieren die Schülerinnen und Schüler für die Beantwortung der Stundenfrage **Bäuerliche Feste – mehr als eine Ablenkung?** Sie erkennen, dass die Feste einen christlichen Hintergrund hatten und zudem soziale Funktionen erfüllten. Die Besprechung der Arbeitsaufträge sollte im Plenum erfolgen. Die letzten beiden Arbeitsaufträge stellen den Gegenwartsbezug her. Hier sollen die Lernenden aus ihrer Lebenswelt berichten und erkennen, dass sich bestimmte Denkweisen und Verhaltensweisen bis heute kaum geändert haben. AB 6 Leitfrage

Mittelalterliche Siedlungen – Dörfer für die Ewigkeit?

Professor Dr. Villacus hat mit seinem Team die Überreste von vier mittelalterlichen Dörfern untersucht und in die Karte eingezeichnet. Zudem haben sie herausgefunden, wann die Siedlungen aufgegeben wurden.

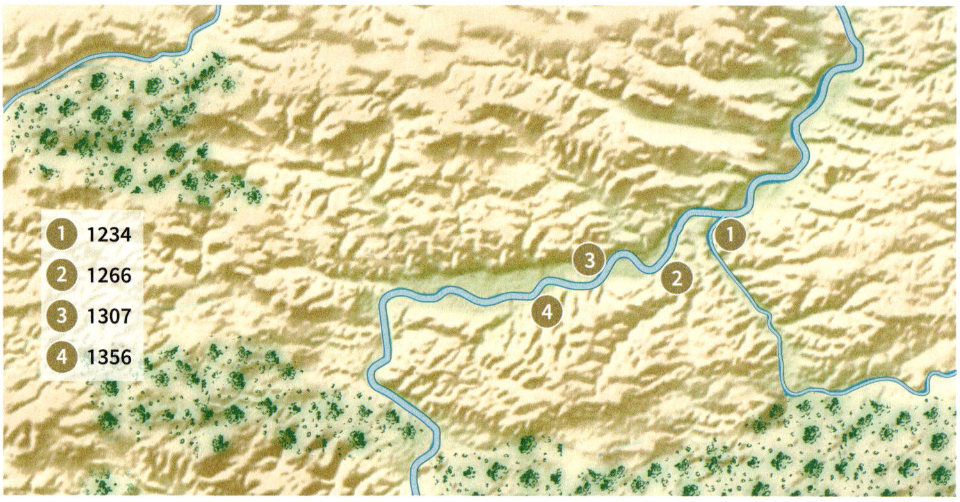

Allerdings haben weitere Untersuchungen ergeben, dass in sämtlichen Dörfern nahezu die gleichen Familiennamen existierten! Zudem scheinen die Dörfer recht ähnlich geklungen zu haben. Das Team um Professor Villacus ist ratlos! Weitere Mess- und Untersuchungsergebnisse haben gezeigt, dass der Boden rund um die Dörfer total ausgelaugt war. Anscheinend haben die Bauern ihre Felder über die Maßen beansprucht und ihnen keine Zeit zur Regeneration gegeben. Auf diesen Böden war es damals nicht mehr möglich, Getreide und Gemüse anzubauen, da sämtliche Nährstoffe verbraucht waren.

1. Interpretiere die Untersuchungsergebnisse. Welche Aussage kannst du über die Dörfer treffen?
2. Beurteile die Vorgehensweise der mittelalterlichen Bauern.
3. Liste auf, was heutige Bauern unternehmen, um die Fruchtbarkeit der Böden zu erhalten.

Die Dreifelderwirtschaft – überholt und vergessen?

Bei der Dreifelderwirtschaft handelt es sich um ein System zur Bewirtschaftung von Ackerflächen. Dieses System wird alle drei Jahre wiederholt. Dabei wird ein Drittel der Ackerfläche mit **Sommergetreide** bestellt und ein weiteres Drittel mit **Wintergetreide**, während das letzte Drittel brachliegt und als Viehweide genutzt wird. Dieses Drittel wird daher auch **Brache** genannt. Die Brache wechselt jedes Jahr.

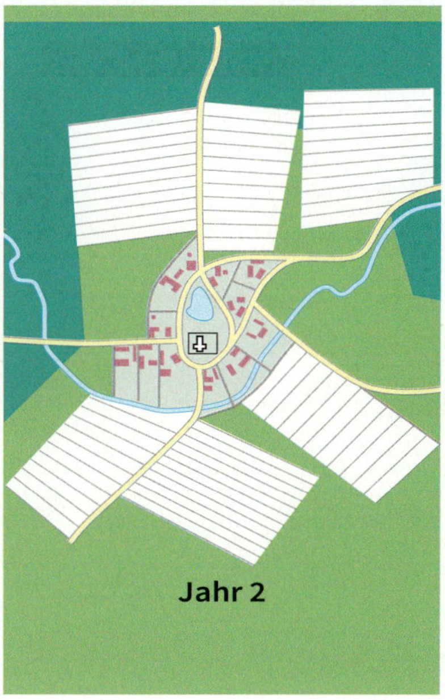

1. Trage in die Bilder gemäß des Zyklus der Dreifelderwirtschaft die Bezeichnungen der Felder ein.
2. Die antiken Römer kannten lediglich die Zweifelderwirtschaft. Vermute, worin der Unterschied zwischen dieser und der Dreifelderwirtschaft liegt.
3. Erkläre, welche Vorteile die Dreifelderwirtschaft für die mittelalterlichen Bauern hatte.
4. Informiere dich, was man unter den Begriffen Sommer- und Wintergetreide versteht.

Best.-Nr. 024738

Die Dreifelderwirtschaft – überholt und vergessen?

1. Trage in die Bilder gemäß des Zyklus der Dreifelderwirtschaft die Bezeichnungen der Felder ein.

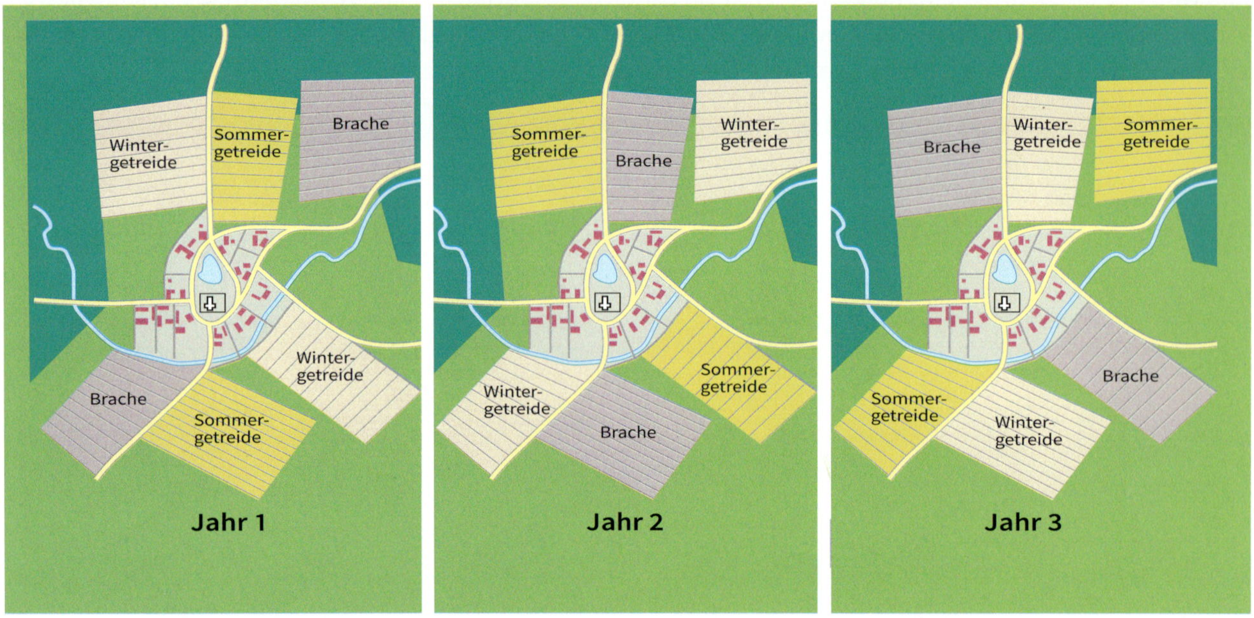

2. Die antiken Römer kannten lediglich die Zweifelderwirtschaft. Vermute, worin der Unterschied zwischen dieser und der Dreifelderwirtschaft liegt.
Die Römer und auch die Menschen im frühen Mittelalter kannten die Zweifelderwirtschaft. Dabei wurde auf einem Feld Getreide angebaut, während das andere brachlag. Dieser Rhythmus wurde jährlich wiederholt. Im Vergleich zur Dreifelderwirtschaft lag stets die Hälfte statt eines Drittes der Nutzfläche brach.

3. Erkläre, welche Vorteile die Dreifelderwirtschaft für die mittelalterlichen Bauern hatte.
Die Böden konnten sich erholen und somit wieder mehr Erträge liefern. Ansonsten hätten die Menschen Hunger gelitten und die Abgaben an ihre Lehnsherren nicht bereitstellen können. Zudem ermöglichte sie den Bauern, Überschüsse zu produzieren und diese teuer zu verkaufen oder für Notzeiten zu horten.

4. Informiere dich, was man unter den Begriffen Sommer- und Wintergetreide versteht.
Wintergetreide: Winterroggen, Winterweizen, Wintergerste, vor dem Winter ausgesät.
Sommergetreide: Saathafer, Sommergerste, nach dem Winter ausgesät.

Best.-Nr. 024738

Mittelalterliche Arbeitsgeräte – Erfindungen für die Zukunft?

Abbildung 1

Abbildung 2

Die Fotos zeigen einen mittelalterlichen Pfliug (Abb. 1) und einen modernen, so wie er heute noch genutzt wird (Abb. 2).

1. Vergleiche die beiden Pflüge miteinander. Welche Gemeinsamkeiten stellt du fest?
2. Liste auf, welche Vorteile heutige Bauern im Vergleich zu ihren mittelalterlichen Kollegen haben, wenn sie den Pflug verwenden.
3. Erläutere die Funktionsweise der Pflüge und erkläre, weshalb der Pflug im Mittelalter zu einem Bevölkerungswachstum geführt hat.
4. Kennst du noch andere landwirtschaftliche Geräte, die aus dem Mittelalter stammen und heute noch verwendet werden? Wenn ja, zähle diese auf.

Best.-Nr. 024738

Mittelalterliche Arbeitsgeräte – Erfindungen für die Zukunft?

1. Vergleiche die beiden Pflüge miteinander. Welche Gemeinsamkeiten stellst du fest?
Beide Pflüge haben die gleiche Form und somit Funktion. Beide Pflüge sind aus Metall und sind an einer Aufhängung befestigt.

2. Liste auf, welche Vorteile heutige Bauern im Vergleich zu ihren mittelalterlichen Kollegen haben, wenn sie den Pflug verwenden.

Mittelalter	Heute
• Pferd • Muskelkraft • schwere Arbeit • nur ein Pflug • keine Ersatzteile • Arbeit nur am Tag möglich	• Traktoren • viele Pflüge • Ersatzteile schnell beschaffbar • Arbeit in der Nacht dank Lampen • keine besondere Kraftaufwendung nötig

3. Erläutere die Funktionsweise der Pflüge und erkläre, weshalb der Pflug im Mittelalter zu einem Bevölkerungswachstum geführt hat.
Der Pflug lockert den Boden auf und schaufelt diesen um. Somit werden die Nährstoffe im Boden verteilt, dieser luftdurchlässiger gemacht und die Saat kann besser eingesetzt werden. Dadurch wurden die Erträge aus den Äckern größer und mehr Menschen konnten versorgt werden. Weniger Menschen starben an Hunger und Unterversorgung.

4. Kennst du noch andere landwirtschaftliche Geräte, die aus dem Mittelalter stammen und heute noch verwendet werden? Wenn ja, zähle diese auf.
- Sichel
- Dreschflegel
- Sense
- Harke

Best.-Nr. 024738

Kindheit im Mittelalter – ein glückliches Leben auf dem Bauernhof?

Der neunjährige Benedikt ist ein Bauerssohn und berichtet von seinem Arbeitsalltag auf dem Hof und den Feldern:

Ich heiße Benedikt und bin neun Jahre alt und lebe auf dem Hof meiner Eltern. Seit zwei Jahren muss ich die Gänse hüten und sie füttern. Das ist viel Arbeit, denn sie sind laut und hauen oft ab. Dann bekomme ich großen Ärger, denn die Gänse sind wertvoll. Nächstes Jahr darf ich dann das Großvieh auf der Weide versorgen und auf dem Feld arbeiten. Das ist sehr gefährlich! Mein großer Bruder ist beim Viehhüten letztes Jahr mit elf Jahren gestorben. Ein Ochse hat ihn überrannt. Zwei Wochen lag er mit Fieber und gebrochenen Beinen im Bett, bis Gott ihn zu sich geholt hat. Meine zwei kleinen Schwestern helfen meiner Mutter bei der Hausarbeit. Sie pflücken Früchte, kochen, waschen, stellen Kleidung her und arbeiten im Garten. Wir sehen uns leider kaum, denn wir arbeiten den ganzen Tag und abends gehen wir sofort schlafen. Ich habe Angst, dass mein Vater an der Verletzung am Fuß, die er sich beim Pflügen des Felds zugezogen hat, stirbt. Sie ist schon sehr entzündet und er auch hat hohes Fieber. Aber er arbeitet dennoch weiter, denn er muss die Abgaben für den Grundherrn zusammenbekommen. Wenn er stirbt, liegt die ganze Verantwortung bei mir. Ich muss dann den Hof übernehmen und die Familie versorgen …

1. Markiere im Text die Aufgaben der Kinder und trage sie in die Tabelle ein.
2. Vergleiche deine Aufgaben und Pflichten zu Hause mit denen eines Kindes im Mittelalter.
3. Nimm Stellung zur Behauptung, dass Kinder im Mittelalter schon junge Erwachsene waren.
4. Begründe, was für dich zu einer guten Kindheit gehört.

Aufgaben der Kinder im Mittelalter	meine Aufgaben zu Hause
• … • … • …	• … • … • …

Mittelalterliche Siedlungen/Kindheit im Mittelalter

➡ Zu AB 1

1. Interpretiere die Untersuchungsergebnisse. Welche Aussage kannst du über die Dörfer treffen?
Die Dörfer waren wohl identisch. Das kann man anhand der Ortsnamen und der Familiennamen folgern. Die Ortschaft wurde im Laufe der Jahre oft neu angesiedelt, weil die Felder ausgelaugt waren.

2. Beurteile die Vorgehensweise der mittelalterlichen Bauern.
Diese betrieben eine Form von extensiver Landwirtschaft und laugten die Böden aus. Dies geht nur, wenn viel Ackerland vorhanden ist, ansonsten kann man irgendwann nichts mehr anbauen. Die Umsiedlung bedeutet jedenfalls einen enormen Kraftaufwand. Beurteilung individuell.

3. Liste auf, was heutige Bauern unternehmen, um die Fruchtbarkeit der Böden zu erhalten.
Heutige Bauern versuchen, durch intensive Landwirtschaft die Fruchtbarkeit ihrer Äcker zu bewahren. Sie verwenden dazu viel Wasser, Dünger und eine Form der Dreifelderwirtschaft, um die Böden zu schonen. Dabei kommen aber auch oftmals Pestizide und Chemikalien zum Einsatz.

➡ Zu AB 4

1. Markiere im Text die Aufgaben der Kinder und trage sie in die Tabelle ein.
- Vieh hüten
- Gänse aufpassen
- kochen
- Haushalt machen
- Feldarbeit
- Früchte sammeln

2. Vergleiche deine Aufgaben und Pflichten zu Hause mit denen eines Kindes im Mittelalter.
Individuelle Schülerantwort.

3. Nimm Stellung zur Behauptung, dass Kinder im Mittelalter schon junge Erwachsene waren.
Kinder mussten bereits in jungen Jahren viel Verantwortung tragen und konnten auch rechtlich haftbar gemacht werden. Insofern waren sie junge Erwachsene. Jedoch sind sie das nicht freiwillig gewesen, sie wurden in diese Rolle gedrängt. Körperlich waren es noch Kinder und keine erwachsenen Menschen.

4. Begründe, was für dich zu einer guten Kindheit gehört.
Individuelle Schülerantwort.

Best.-Nr. 024738

Mittelalterliche Märchen – nur schaurige Geschichten?

Im Mittelalter erzählten sich die Menschen oft leicht verständliche (Volks-)Märchen. Über viele Generationen hinweg diente dies natürlich der Unterhaltung, aber auch der Weitergabe von Informationen. Denn obwohl die Handlungen natürlich frei erfunden sind, wurden reale Hoffnungen, Wünsche und Ängste mündlich weitergegeben. Schließlich gaben Märchensammler wie die Brüder Grimm sie in ihren Kinder- und Hausmärchen von 1812 heraus und sicherten sie für die Nachwelt. Eines der bekanntesten Märchen ist wahrscheinlich die Geschichte von Hänsel und Gretel. Es beginnt folgendermaßen:

Am Rande eines großen Waldes wohnte ein armer Holzhacker mit seiner Frau und seinen zwei Kindern, Hänsel und Gretel. Sie waren so arm, dass sie oft nichts zu essen hatten. Als nun eine Teuerung kam, mussten sie jeden Abend hungrig zu Bett gehen. In ihrer Not beschlossen die Eltern, die Kinder am nächsten Morgen in den Wald zu führen und sie dort zurückzulassen. Gott sollte ihnen weiterhelfen. Aber Hänsel schlief nicht und hörte alles. Am nächsten Tag, als sie in den Wald gingen, streute er kleine Steinchen auf den Weg.

Rosemarie Griesbach, Deutsche Märchen und Sagen, München: Max Hueber Verlag, 1963

Hänsel und Gretel

1. Entnehmt aus der Einleitung des Märchens die Lebensumstände der Familie.
2. Fertige eine Zeichnung der Familie an. Beachte dabei die Aspekte Kleidung, Ernährung und Zufriedenheit.
3. In jeder Geschichte steckt bekanntlich ein Fünkchen Wahrheit. Welche Schlussfolgerungen ziehst du aus dem Märchen für das Leben der armen Menschen im Mittelalter?
4. Diskutiert, wie die Familie von Hänsel und Gretel heute mit der Situation umgehen würde.

Best.-Nr. 024738

Bäuerliche Feste – mehr als eine Ablenkung?

Für das Bauernfest müssen wir noch Wein, Bier und Branntwein besorgen. Nicht zu vergessen die ganzen Speisen! Das letzte Mal ist uns das Essen ausgegangen, da gab es viel Ärger!

Die Feste sind unsere einzige Ablenkung von dem monotonen Alltag, den wir haben! Ohne diese würde ich bestimmt depressiv werden.

Wir müssen noch dem Wirtshaus Bescheid sagen, damit für das Fest die Langtische im Wirtshausgarten aufgestellt werden. Zudem muss die Bühne aufgebaut werden. Dazu brauchen wir noch zwei Fässer und Bretter.

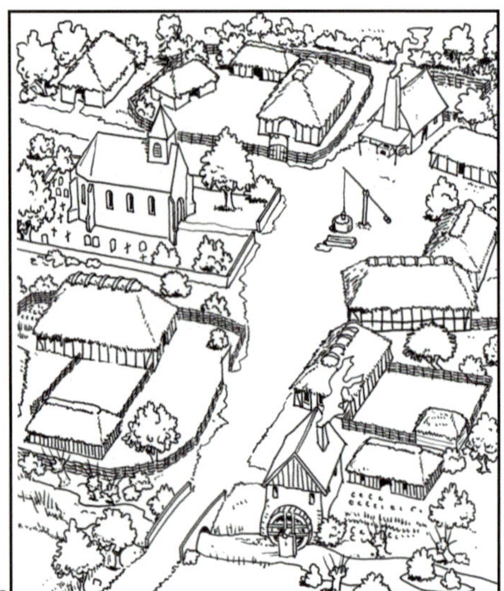

Ich habe Angst, dass ich das nächste Fest nicht mehr erlebe! Krankheit und Krieg!

Dieses Jahr war echt schlecht. Meine beiden Kinder sind gestorben und auch ich bin nur knapp dem Tod entkommen. Endlich mal was Fröhliches!

Die Flötenspieler und Fiedler waren auf der letzten Hochzeit nicht gut. Ich hoffe, dass der Dudelsackbläser nun besser spielt.

Hochzeit

Die Tanzmusik ist immer so laut! Mir tun nach jedem Fest tagelang die Ohren weh.

Kirchweihtag

Ach ... wir tanzen wohl wieder. Aber die Alten wollen immer nur langsam tanzen! Dies nennen sie dann „getreten“. Das ist mir zu langweilig.

Taufe

Ich möchte tanzen. Zum Glück tanzen wir auf den Festen einen Paartanz im Kreis. Die Jugend macht dies sehr schnell und nennt diesen Tanz „gesprungen“!

Bier

1. Liste auf, welche Anlässe die Bauern zum Feiern genutzt haben. Schlage dir unbekannte Anlässe in einem Lexikon nach.
2. Fasse zusammen, welche Funktion die Dorffeste im Mittelalter erfüllten.
3. Erläutere, inwiefern sich die damalige Jugend von den Älteren absetzte. Vergleiche dies mit deinen heutigen Erfahrungen.
4. Erkläre an einem Beispiel deiner Wahl, worin sich heutige Feste von den mittelalterlichen unterscheiden bzw. worin sie ihnen ähneln.

Best.-Nr. 024738

Mittelalterliche Märchen/Bäuerliche Feste

➡ Zu AB 5

1. Entnehmt aus der Einleitung des Märchens die Lebensumstände der Familie.
   Die Familie litt enormen Hunger und konnte die eigenen Kinder nicht ernähren. Bevor man sie verhungern ließ, setzte man diese lieber im Wald aus. Dies ist ein sehr verzweifelter Akt der Eltern.
2. Fertige eine Zeichnung der Familie an. Beachte dabei die Aspekte Kleidung, Ernährung und Zufriedenheit.
   Individuelle Schülerleistung, jedoch sollte man der Familie den Hunger und die Armut ansehen.
3. In jeder Geschichte steckt bekanntlich ein Fünkchen Wahrheit. Welche Schlussfolgerungen ziehst du aus dem Märchen für das Leben der armen Menschen im Mittelalter?
   Im Mittelalter war das Leben für die Bauern und armen Menschen sehr entbehrungsreich und voller Verzweiflung und Ängste. Es kam wohl oft vor, dass Familien Hunger litten und ihre Kinder zum Sterben aussetzten, um deren Tod nicht ertragen zu müssen bzw. selbst überleben zu können.
4. Diskutiert, wie die Familie von Hänsel und Gretel heute mit der Situation umgehen würde.
   Heute bekommen Familien in Not staatliche Hilfe in Deutschland (Hartz IV, Mindestlohn etc.) In anderen Ländern der Welt sieht das jedoch anders aus (s. Dritte Welt).

➡ Zu AB 6

1. Liste auf, welche Anlässe die Bauern zum Feiern genutzt haben. Schlage diese in einem Lexikon nach.

Feste/Anlässe	Bedeutung
• Taufe • Kirchweihtag • Hochzeit • Ablenkung vom Alltag	• Übertritt zum Christentum • Tag, an dem das Kirchengebäude errichtet wurde • ein Paar verbindet sich im Namen Gottes

2. Fasse zusammen, welche Funktion die Dorffeste im Mittelalter erfüllten.
   Dorfgemeinschaft rückt zusammen, Bewältigung von Ängsten, christliche/religiöse Aspekte waren der Anlass.
3. Erläutere, inwiefern sich die damalige Jugend von den Älteren absetzte. Vergleiche dies mit deinen heutigen Erfahrungen.
   Die Jugend tanzte auf den Festen einen schnelleren Tanz. Vergleiche dazu heutige Formen des Tanzens.
4. Erkläre an einem Beispiel deiner Wahl, worin sich heutige Feste von den mittelalterlichen unterscheiden bzw. worin sie ihnen ähneln.
   Meist haben sie keinen christlichen Anlass mehr, sondern dienen der Zerstreuung und dem Kommerz.

Best.-Nr. 024738

Teste dein Wissen

Welche Begriffe gehören zusammen?

Verteile die Begriffskarten verdeckt auf dem Tisch. Nacheinander abwechselnd dürfen immer zwei Karten umgedreht werden. Dabei bilden stets zwei Begriffskarten ein Pärchen, das zusammengehört. Deckt man ein Pärchen auf, darf man es behalten. Ansonsten werden die Karten wieder verdeckt auf den Tisch an der gleichen Stelle abgelegt. Man muss sich die Kärtchen und die Stelle merken, um das Spiel zu gewinnen. Es gewinnt derjenige Spieler, der am Ende die meisten Pärchen gesammelt hat. Die Zusammengehörigkeit ist durch Farben erkennbar.

Dreifelderwirtschaft	Pflüge	Sommergetreide	Wintergetreide	Kinder im Mittelalter
Brache	Bevölkerungswachstum	Sommergerste	Wintergerste	Junge Erwachsene
Armut	Märchen	Kirchweihtag	Moderner Tanz	Altmodischer Tanz
Kinderaussetzung	Wahrheiten	Kirmes	Gesprungen	Getreten
Gebrüder Grimm	Mittelalterliche Landwirtschaft	Dörfer	Dorffeste	Zweifelderwirtschaft
Hänsel und Gretel	Extensive Landwirtschaft	Ständige Neugründung	Ablenkung vom anstrengenden Alltag	Römische Antike
Pflichten der Kinder	Heutige Landwirtschaft in BRD	Heute noch verwendete mittelalterliche Geräte	Pflichten von Mädchen	Bauern
Hüten von Tieren	Intensive Landwirtschaft	Dreschflegel und Sense	Haushalt und Essenszubereitung	Grundherren

Best.-Nr. 024738

Baustein 4

Der Stadtbürger im Mittelalter

Überblick

In diesem Baustein finden Sie Arbeitsblätter zum Thema „Der Stadtbürger im Mittelalter". Im Laufe des Hochmittelalters entwickelten sich aus den Dörfern allmählich größere Siedlungen, manche davon zu Städten. Besonders kennzeichnend für diese waren die Stadtmauern, eine Kirche im Zentrum und die Schwurgemeinschaft der Bürger. Strotzend vor Selbstbewusstsein und ökonomischer Potenz stellten sich einige Städte sogar gegen ihren Landesfürsten.

- Unter der Leitfrage **Die Bürger einer Stadt – mehr als nur eine Gemeinschaft?** (**AB 1**) soll die Bedeutung der mittelalterlichen Stadtbevölkerung hervorgehoben und mit einem Gegenwartsbezug verdeutlicht werden. Arbeitsblatt 1 S. 62
- Das **Arbeitsblatt 2** befasst sich mit der wichtigsten Verteidigungsanlage einer Stadt: der Mauer. Mithilfe der Leitfrage **Die Stadtmauer – stumme Zeugin unsicherer Zeiten?** sollen die wesentlichen Funktionen und die Bedeutung der Mauer thematisiert werden. Arbeitsblatt 2 S. 64
- Das **AB 3** thematisiert die Rechtsprechung in den Städten des Mittelalters. Die Leitfrage **Schöffen und Ratsherren – eine Gemeinschaft des Rechts?** vertieft diesen Aspekt. Arbeitsblatt 3 S. 66
- Die geografischen Voraussetzungen für die Entstehung mittelalterlicher Städte werden unter der Leitfrage **Entstehung mittelalterlicher Städte – eine Frage der Lage?** thematisiert (**AB 4**). Arbeitsblatt 4 S. 67
- Mit dem **Arbeitsblatt 5** werden die wichtigsten baulichen Merkmale einer mittelalterlichen Stadt mithilfe der Leitfrage **Das Stadtbild – ein Schaufenster der Macht?** in den Fokus gestellt. Arbeitsblatt 5 S. 69
- Das **AB 6** schafft unter der Leitfrage **Heutige Städte – Zeugen mittelalterlicher Gemeinschaft und Lebenswelten?** einen Gegenwartsbezug und knüpft so an die Lebenswirklichkeit der Schülerinnen und Schüler an. Arbeitsblatt 6 S. 71

Sachanalyse

Die Stadt nahm im Mittelalter eine besondere Stellung ein. Teils entwickelten sich Städte aus ehemaligen römischen Ansiedlungen über die Jahrhunderte, siehe Regensburg, oder wurden wie München von Landesfürsten gezielt gegründet. Dabei waren die Motive rein praktischer und ökonomischer Natur. Städte dienten zur Kontrolle von Furten (Frankfurt, Erfurt) oder als Sicherung von Grenzen und Gebieten (Paderborn). Die Stadt genoss gewisse Vorzüge, die ihnen der Landesfürst gewährte. Dazu gehörten die Stadtrechte, die Gerichtsbarkeit und die Einrichtung von Räten sowie ein gewisses Maß an politischer Autonomie gegenüber dem Fürsten, solange die Städte ihre Abgaben entrichteten. Im Laufe der Zeit stiegen Städte wie Köln, Hamburg, Worms und Lübeck zu bedeutenden Machtfaktoren auf. Dies lag in ihrer wirtschaftlichen Entwicklung begründet, denn durch Handel und Zölle wurden sie sehr reich und die reichen Kaufleute und Handwerker, welche durch den Rat und die Wahl des Bürgermeisters an politischer Bedeutung gewonnen hatten, erlangten nun auch Selbstvertrauen. Nicht selten schlossen sich Städte zur Wahrung ihrer Interessen zu Bünden zusammen. Zu nennen wäre hier die deutsche Hanse. Dies führte oft zu Konflikten mit den Landesfürsten, die sich nun öfter mit den Städten in Fragen von Abgaben und über politische Entscheidungen stritten. Nicht selten führten solche Konflikte zu Kriegen. Am bekanntesten ist die Auseinander-

Stadtrechte

Machtfaktoren

Hanse

setzung Barbarossas mit dem mailändischen Städtebund zwischen 1154 – 1162, in der es um die Frage nach politischer Unabhängigkeit und finanzielle Abgaben ging und die mit der Zerstörung Mailands endete. Es gab aber auch Städtebünde, die mit Königen zusammenarbeiteten. Albrecht I. (1255 – 1308) nutzte die politische und militärische Macht der Städte, um sich gegen seine politischen Gegner durchzusetzen und seine Hausmacht auszubauen. Die

Erscheinungsbild

zunehmende Bedeutung der Städte spiegelte sich auch in deren äußerem Erscheinungsbild wider. Große Mauern, Kirchen, Dome und Rathäuser galten als Zeichen politischer, wirtschaftlicher und militärischer Macht. Die Stadtmauer grenzte zudem nicht nur die Stadtbürgerschaft von dem Land ab, welche rechtlich strikt getrennt waren, sondern schloss in sich einen kleinen gesellschaftlichen Kosmos ein. Berufe wie Gerber, Färber, Kämmerer und Glasbläser siedelten sich im Schutze der Stadtmauer an und prägen bis heute den Stadtkern von vielen Städten durch Orts- und Straßennamen. Auch die gesellschaftliche Schichtung einer

Juden

Stadt kann man innerhalb der Mauern erkennen. Juden mussten oft, wie in Worms oder Speyer, in eigenen Gettos leben. Die Ständegemeinschaft wurde sich ihrer besonderen Stel-

Eidgenossenschaften

lung bewusst und identifizierte sich mit der Stadt. Durch Eide und Eidgenossenschaften bezeugten sie die Auffassung, die Stadt auch militärisch zu verteidigen. Natürlich durften nur Männer mit Eigentum in der Stadt zu der Eidgenossenschaft gehören. Dennoch ist dies ein deutliches Zeichen für eine wachsende Stadtidentität gegenüber dem Landesfürsten und dem umliegenden Land. So wurde es auch Recht, dass ein in einer Stadt wohnender Unfreier nach Jahr und Tag nicht mehr von seinem Dienstherrn zurückgefordert werden konnte und somit ein Stadtbewohner wurde. Wenn der Dienstherr aber mit sieben Zeugen beweisen konnte, dass der Leibeigene sein Eigentum war, musste er ihm wieder dienen.

Methodisch-didaktische Analyse

AB 1

Das **AB 1** ist für eine Schulstunde ausgelegt und soll von den Schülerinnen und Schülern in Eigenarbeit bearbeitet werden. Im Vorfeld sollte im Unterricht bereits das Mittelalter bezüglich der Unterschiede zwischen Dörfern und Städten behandelt worden sein. Dieses Arbeitsblatt dient der Vertiefung und nimmt Bezug auf die Pflichten und den Aufbau der Bürgerschaft. Aufgabe 1 zielt auf die Pflichten der Bürger einer Stadt ab. Bei der Besprechung der ersten Aufgabe, welche im Plenum erfolgen sollte, kann zudem die Stundenfrage **Die Bürger einer**

Leitfrage

Stadt – mehr als nur eine Gemeinschaft? beantwortet werden. Die SuS haben erkannt, dass es einen Unterschied zwischen dem heutigen und dem damaligen Zusammenleben innerhalb einer Stadt gibt. Der zweite Arbeitsauftrag stellt den Gegenwartsbezug her. Eide sind noch heute in Gebrauch und die Schweizer Eidgenossenschaft ist ein direkter Nachbar der BRD. In diesem Zusammenhang kann man mit den Lernenden darüber diskutieren, welche Pflichten die Schweizer wohl zur Grundlage ihrer Nation gemacht haben. Die dritte Aufgabe kann als Hausaufgabe aufgegeben werden und das nächste Thema Zünfte und Gilden einführen.

AB 2

Das **AB 2** ist für eine Schulstunde konzipiert und soll in Partnerarbeit bzw. Eigenarbeit bearbeitet werden. Die Schülerinnen und Schüler sollen bei der ersten Aufgabe erkennen, dass damalige Stadtmauern noch immer das Stadtbild prägen und man sie erkennen kann. Die zweite und dritte Aufgabe dienen der Vertiefung, bei deren Besprechung man die Stun-

Leitfrage

denfrage **Die Stadtmauer – stumme Zeugin unsicherer Zeiten?** beantworten kann. Wichtig ist hierbei, dass man den Lernenden klarmacht, dass Städte auch oft gegen ihren Territorialherrn kämpften. Dies könnte ein guter Übergang zu den Kämpfen der Städte gegen die Könige und Fürsten sein. Die vierte Frage dient der Abrundung des Themas und dazu, sich mit der heimatlichen Umgebung und dem heutigen Stadtbild auseinanderzusetzen.

AB 3

Das **AB 3** ist für eine Schulstunde ausgelegt und kann in Partnerarbeit bearbeitet werden. Die ersten beiden Arbeitsaufträge dienen dem Textverständnis und sollen die Lernenden auf die dritte Aufgabe vorbereiten. Diese sollte im Plenum besprochen werden und zur Beantwortung der Stundenfrage **Schöffen und Ratsherren – eine Gemeinschaft des Rechts?** genutzt werden. Die Lernenden vergleichen dabei ihre Kenntnisse über moderne Gerichtsverfahren mit denen aus dem Mittelalter. Dabei sollte ihnen auffallen, dass es einen Unterschied bezüglich der Zusammensetzung der Schöffen damals und heute gibt. Dieser Unterschied konnte im Mittelalter zu Urteilen führen, die nicht objektiv waren, da nur eine Interessengruppe entscheiden konnte. Auch die Rechtsgewohnheiten des Mittelalters, die nicht einheitlich waren, führten zur Rechtsunsicherheit bezüglich Strafen und Verboten. Leitfrage

Das **AB 4** ist für eine Schulstunde ausgelegt und soll von den Schülerinnen und Schüler in Einzelarbeit bearbeitet werden. Sinnvoll wäre es, wenn die Lehrkraft im Vorfeld der Stunde die Schülerinnen und Schüler darauf hinweist, dass sie für die nächste Stunde einen Atlas mitbringen sollen. Der erste Arbeitsauftrag dient dem Textverständnis und soll die Lernenden auf die Beantwortung der Stundenfrage **Entstehung mittelalterlicher Städte – eine Frage der Lage?** vorbereiten. Diese kann im Rahmen des zweiten Arbeitsauftrags erfolgen. Wichtig ist hierbei, dass die Schülerinnen und Schüler verstehen, dass Flüsse und Meere als Anbindungen für Städte des Mittelalters extrem wichtig waren, dienten sie doch mithilfe des Schiffsverkehrs der Kommunikation, dem Handel und als Nahrungsquelle. Der dritte Arbeitsauftrag vertieft die gewonnenen Erkenntnisse in Form einer Kartenarbeit im Atlas. AB 4

Das **AB 5** ist von den Schülerinnen und Schüler in Partnerarbeit innerhalb einer Stunde zu bearbeiten. Das Arbeitsblatt bietet sich zur Einführung in das Thema „Stadt im Mittelalter" an, weil es sich auf architektonische Besonderheiten der mittelalterlichen Stadt konzentriert. Die Lernenden sollen den Stadtkern, die Stadtmauer und die Kirche erkennen. Die ersten beiden Arbeitsaufträge dienen somit dem Vergleich und der Veranschaulichung. Die Lernenden erkennen, dass auch heutige Städte ihr Aussehen ihrem mittelalterlichen Erbe zu verdanken haben. Die Lehrkraft kann in diesem Zusammenhang kurz erläutern, dass man diese Wurzeln besonders in Großstädten nicht mehr erkennen kann, auch wegen der Zerstörung infolge des Zweiten Weltkriegs. Der dritte Arbeitsauftrag dient der Beantwortung der Stundenfrage **Das Stadtbild – eine Schaufenster der Macht?**. Die Schülerinnen und Schüler sollen begreifen, dass hohe Gebäude wie die Stadtmauer und eine Kirche etwas ganz Besonderes für mittelalterliche Menschen waren. Die meisten Menschen lebten auf dem Land und die höchsten Gebäude, die sie kannten, waren vermutlich Mühlen. Aus deren Perspektive reichten diese mächtigen Mauern bis in den Himmel! Der vierte Arbeitsauftrag hilft bei der Vorbereitung der Konflikte zwischen den Landesfürsten und den Städten. Die Schülerinnen und Schüler sollen erkennen, dass mit dem Bau von öffentlichen Gebäuden Macht und Reichtum gezeigt wurden. Als Hausaufgabe kann die Lehrkraft aufgeben, solche Beispiele auch für unsere heutige Zeit zu finden. AB 5 Leitfrage

Das **AB 6** ist für eine Schulstunde ausgelegt und kann in Partnerarbeit bearbeitet werden. Es bietet sich als Einführungsstunde in die mittelalterlichen Berufe an. Die Lernenden erkennen durch die ersten drei Arbeitsaufträge, dass das mittelalterliche Stadtbild durch die Berufe der Menschen geprägt war und heute noch durch die Straßennamen und Ortsbezeichnungen dokumentiert ist. Sie sollen nachvollziehen können, dass die Berufe örtlich voneinander abgrenzt wurden, um Lärm und Schmutz aus der Innenstadt zu verbannen. Hier kann die Lehrkraft bei der Besprechung auf heutige Industrieviertel verweisen, die auch außerhalb der Innenstädte angesiedelt werden. Der vierte Arbeitsauftrag dient der Vertiefung und Problematisierung: Juden als Sündenböcke und ausgegrenzte Gemeinschaft des mittelalterlichen Stadtlebens. Dabei wird der Gegenwartsbezug hergestellt, denn auch heute gibt es Gettos, in denen sich Parallelgesellschaften entwickeln. Bei der Besprechung kann die Stundenfrage **Heutige Städte – Zeugen mittelalterlicher Gemeinschaft und Lebenswelten?** beantwortet werden. Als Hausaufgabe bietet es sich an, die Lernenden recherchieren zu lassen, was die Tätigkeiten von Färbern, Gerbern etc. waren. AB 6 Leitfrage

Die Bürger einer Stadt – mehr als nur eine Gemeinschaft?

Die Bürger einer Stadt mussten einen sogenannten Bürgereid schwören. Sie schworen dem Rat Treue und Gehorsam und versprachen, sich an die Gesetze der Stadt zu halten. Diese **Eidgenossenschaft** war zudem verpflichtet, die Stadt bei militärischen Angriffen und Bedrohungen zu verteidigen. Allerdings konnten lediglich Männer den Bürgereid leisten, die Grundeigentum in der Stadt besaßen und einer Zunft/Gilde angehörten.

1. Verfasse einen möglichen Bürgereid, wie er im Mittelalter formuliert worden wäre. Verwende dabei die Begriffe **schwören, Rat, hold, treu, fördern, Schaden, verteidigen**.
2. Liste auf, wo heute noch ein **Eid** bzw. das Wort **Eidgenossenschaft** verwendet wird.
3. Recherchiere, worin der Unterschied zwischen **Zünften** und **Gilden** besteht.

Best.-Nr. 024738

Die Bürger einer Stadt – mehr als nur eine Gemeinschaft?

1. Verfasse einen möglichen Bürgereid, wie er im Mittelalter formuliert worden wäre. Verwende dabei die Begriffe **schwören, Rat, hold, treu, fördern, Schaden, verteidigen**.
Individuelle Schülerantwort, jedenfalls sollte darin vorkommen, dass man die Stadt und deren Rechte schützt, notfalls auch mit der Waffe.

2. Liste auf, wo heute noch ein **Eid** bzw. das Wort **Eidgenossenschaft** verwendet wird.
Meineid vor Gericht, auf die Bibel schwören, die Schweiz als Eidgenossenschaft.

3. Recherchiere, worin der Unterschied zwischen **Zünften** und **Gilden** besteht.
Zünfte: Zusammenschluss von Handwerksmeistern einer Stadt.
Gilden: Zusammenschluss von Kaufleuten bzw. Fernhändlern einer Stadt.

Best.-Nr. 024738

Die Stadtmauer – stumme Zeugin unsicherer Zeiten?

Auf diesem Bild siehst du die Stadt **Rothenburg ob der Tauber** in Bayern. Viele heutige Städte in Deutschland haben ihren Ursprung im Mittelalter, so auch diese Stadt. Da sie nach den Zerstörungen im Zweiten Weltkrieg überwiegend originalgetreu wiederaufgebaut wurde, gehört sie mit ihrer mittelalterlichen Altstadt und der begehbaren Stadtbefestigung zu den beliebtesten Touristenzielen in Deutschland.

1. Markiere auf dem Bild die alte Stadtmauer.
2. Liste auf, welche Funktion diese Stadtmauer wohl erfüllte und was dies über den damaligen Fürsten aussagt.
3. Vermute, weshalb heutige Städte keine Stadtmauern mehr haben.
4. Kennst du auch Städte, die Reste einer Stadtmauer haben? Erkläre einem mittelalterlichen Menschen, welche Funktion diese heute noch haben.

Best.-Nr. 024738

Die Stadtmauer – stumme Zeugin unsicherer Zeiten?

1. Markiere auf dem Bild die alte Stadtmauer.

2. Liste auf, welche Funktion diese Stadtmauer wohl erfüllte und was dies über den damaligen Fürsten aussagt.
   Schutz vor Räubern, Schutz vor feindlichen Armeen, Grenze zwischen Land und Stadt, als Zollgrenze. Es könnte bedeuten, dass der Territorialfürst zu schwach war, um die Stadt vor Räubern und Feinden zu schützen. Es könnte aber auch sein, dass sich die Stadt vor dem eigenen Fürsten verteidigen wollte, wenn dieser Steuern eintreiben wollte.

3. Vermute, weshalb heutige Städte keine Stadtmauern mehr haben.
   Das Aufkommen der Feuerwaffen und im Speziellen der Einsatz von Kanonen führte zunächst zu massiveren Befestigungsanlagen, die immer weiter vor die Stadt rückten, sogenannte Bastionen. Außerdem wuchsen viele Städte über ihre Mauern hinaus.

4. Kennst du auch Städte, die Reste einer Stadtmauer haben? Erkläre einem mittelalterlichen Menschen, welche Funktion diese heute noch haben.
   Individuelle Schülerantwort. In der frühen Neuzeit dienten Stadtmauern als Steinbruch, heute haben sie lediglich touristische Funktionen.

Best.-Nr. 024738

Schöffen und Ratsherren – eine Gemeinschaft des Rechts?

Nach langen Beratungen in der Gerichtslaube des Rates haben die Schöffen das Urteil über den Dieb gefällt. Er wird zu dreißig Stockhieben verurteilt. Besonders die Schöffen, welche weise und voller Kenntnisse über die Gewohnheiten und Rechte unserer Stadt sind und daher von den Ratsherren gewählt wurden, haben einen solchen Bruch des Stadtfriedens noch nicht erlebt! Auf das Wort dieser reichen und wohlhabenden Bürger können wir uns verlassen, denn das Amt des Schöffen ist unbezahlt und somit sind sie nicht bestechbar! Der Dieb hat auf dem Markt Eier, Brot, Schmuck und sogar eine Gans gestohlen.

Vor allem die Glasbläser haben durch ihn viel verloren und auch die Bogen- und Waffenhersteller hat er bestohlen. Selbst Kräuter und Felle hat er im Laufe der letzten Wochen mitgehen lassen.

Er kann von Glück reden, dass wir das Diebesgut noch vollständig in seinem Haus gefunden haben, ansonsten wäre er gehängt worden.

1. Beschreibe, welche Personen an einem Gerichtsverfahren beteiligt waren.
2. Liste auf, welche Waren man auf einem Markt des Mittelalters kaufen konnte.
3. Auch heutige Länder kennen das Prinzip von Schöffen (USA: Geschworene). Erläutere den Unterschied zum Mittelalter.

Best.-Nr. 024738

Entstehung mittelalterlicher Städte – eine Frage der Lage?

Stadtentwicklung von Regensburg anhand einer Karte	regionalgeschichte.net Internetportal für regionale und lokale Geschichte Speyer in der Pfalz
Stadt Regensburg ca. 800 – 1100 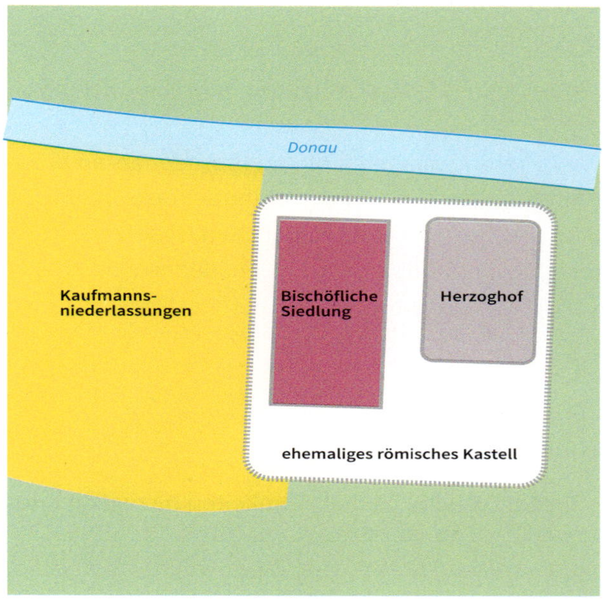 	Speyer trägt in der römischen Zeit die Bezeichnungen „Noviomagus“ oder auch „Civitas Nemetum“, benannt nach dem hier siedelnden germanischen Stamm der Nemeter. Im Laufe des 6. Jh., nach den Wirren der Völkerwanderungszeit und dem Ende der römischen Herrschaft, erhielt die Stadt ihren späteren Namen: „Spira“, aus dem sich nach weiteren Veränderungen der heutige Stadtname entwickelte. Die römische Stadt, bestehend aus zwei größeren Militärlagern, einem Kastell und einer Zivilsiedlung, wurde um das Jahr 275 im Verlauf der Alemanneneinfälle vernichtet. Ein Neuaufbau des Ortes, für den bereits im Jahr 343 ein Bischof erwähnt wird, erfolgte im 4. Jh. Speyer wurde in der zweiten Hälfte des 6. Jh. unter fränkischer Herrschaft dauerhaft Sitz eines Bischofs: Das Bistum Speyer besteht seit dieser Zeit – abgesehen von den Jahren 1803/1817 – durchgehend bis zum heutigen Tag. www.regionalgeschichte.net/pfalz/speyer/geschichte/die-geschichte-der-stadt-speyer.html

1. Vergleiche die Karte von Regensburg mit dem Text über Speyer. Welche Gemeinsamkeiten bezüglich ihrer Stadtentwicklung kannst du finden?
2. Erkläre, welche Faktoren bei der Stadtentstehung beider Städte entscheidend waren.
3. Die Städte Hamburg, Lübeck und Köln waren im Mittelalter Großstädte. Erläutere mithilfe eines Atlas die Gründe hierfür.

Best.-Nr. 024738

Schöffen und Ratsherren/Entstehung mittelalterlicher Städte

➡ Zu AB 3

1. **Beschreibe, welche Personen an einem Gerichtsverfahren beteiligt waren.**
   Schöffen, Angeklagte und Zuschauer. Die Schöffen wurden von den Ratsleuten aus den wohlhabenden und reichen Bürgern der Stadt gewählt. Das Amt war ein Ehrenamt.

2. **Liste auf, welche Waren man auf einem Markt des Mittelalters kaufen konnte.**
   Eier, Brot, Schmuck, Waffen, Glas, Tiere, Kräuter und Felle.

3. **Auch heutige Länder kennen das Prinzip von Schöffen (USA: Geschworene). Erläutere den Unterschied zum Mittelalter.**
   Die heutigen Schöffen/Geschworenen werden aus der Bevölkerung ausgewählt und repräsentieren einen Durchschnitt durch die Gesellschaft. Im Mittelalter wurden lediglich reiche und wohlhabende Bürger für dieses Amt ausgesucht. Zudem orientieren sich die heutigen Menschen an verbindlichen Gesetzen, während im Mittelalter Gewohnheitsrechte vorherrschten, die von Stadt zu Stadt verschieden sein konnten.

➡ Zu AB 4

1. **Vergleiche die Karte von Regensburg mit dem Text über Speyer. Welche Gemeinsamkeiten bezüglich ihrer Stadtentwicklung kannst du finden?**
   Beide Städte liegen an einem Fluss (Speyer am Rhein, Regensburg an der Donau).
   Beide Städte haben römische Wurzeln.
   Beide Städte waren im Mittelalter Sitze der weltlichen und geistlichen Macht.

2. **Erkläre, welche Faktoren bei der Stadtentstehung beider Städte entscheidend waren.**
   Entscheidend war die Lage an einem Fluss, der Handel, Kommunikation und Trinkwasser sicherstellte. Zudem siedelten sich dort weltliche und geistliche Einrichtungen an, was Handwerker und Kaufleute anzog. Die Menschen arbeiteten für die adligen und geistlichen Herren, errichteten für sie Gebäude und versorgten sie mit Luxusartikeln und Essen.

3. **Die Städte Hamburg, Lübeck und Köln waren im Mittelalter Großstädte. Erläutere mithilfe eines Atlas die Gründe hierfür.**
   Alle drei Städte lagen wie Lübeck am Meer (Ostsee), oder wie Köln und Hamburg an einem Fluss (Rhein bzw. Alster). Dadurch konnten Waren schnell transportiert und Nahrung und Trinkwasser ausreichend beschafft werden. Diese drei Städte waren zudem Mitglieder der mittelalterlichen Hanse, bis heute in Lübeck und Hamburg ablesbar an den Nummernschildern, denn diese beginnen mit einem H für Hansestadt.

Best.-Nr. 024738

Das Stadtbild – ein Schaufenster der Macht?

Münster

Ulm

Lübeck

1. Betrachte die Luftbildaufnahmen der drei Städte **Münster**, **Ulm** und **Lübeck** von oben. Markiere auf den Bilder den mittelalterlichen Stadtkern.
2. Markiere in den Bildern auffällige Gebäude aus dem Mittelalter und erkläre deren Funktion.
3. Beschreibe, welche Gebäude einer mittelalterlichen Stadt aus der Ferne zuerst zu erkennen waren und welchen Eindruck dies auf Ankömmlinge gemacht haben muss.
4. Im Laufe der Zeit haben sich die Städte große und prachtvolle Rathäuser bauen lassen. Begründe, welche Rückschlüsse du daraus für die Stadt ziehst.

Best.-Nr. 024738

Schöffen und Ratsherren/Entstehung mittelalterlicher Städte

1. Betrachte die Luftbildaufnahmen der drei Städte **Münster, Ulm** und **Lübeck**. Markiere auf den Bildern den mittelalterlichen Stadtkern gelb.

2. Markiere in den Bildern auffällige Gebäude aus dem Mittelalter und erkläre deren Funktion.
   Rot: Kirche: diente als Gotteshaus und Versammlungsort.
   Blau: Stadtmauer: diente zum Schutz vor Feinden und zur Abgrenzung zwischen Land und Stadt.

3. Beschreibe, welche Gebäude einer mittelalterlichen Stadt aus der Ferne zuerst zu erkennen waren und welchen Eindruck dies auf Ankömmlinge gemacht haben muss.
   Kirche und Stadtmauer waren aufgrund ihrer Größe zuerst zu erkennen. Einen Eindruck von Macht und Reichtum müssen diese Gebäude erzeugt haben. Die mittelalterlichen Menschen auf dem Land haben keine großen Gebäude gekannt. Sehr einschüchternd!

4. Im Laufe der Zeit haben sich die Städte große und prachtvolle Rathäuser bauen lassen. Begründe, welche Rückschlüsse du daraus für die Stadt ziehst.
   Die Bürger der Stadt haben sich von ihren Landesfürsten emanzipiert und wollen ihren Reichtum und ihre Macht durch die Zurschaustellung mächtiger und großer Rathäuser dokumentieren. Besonders Städte, die aufgrund ihrer Lage an Flüssen und am Meer zu Reichtum gekommen sind, pochten im Laufe des Mittelalters auf ihre Autonomie, d. h. ihre Freiheit von ihren Landesfürsten. Nicht selten führte dies zu militärischen Konflikten.

Best.-Nr. 024738

Heutige Städte – Zeugen mittelalterlicher Gemeinschaft und Lebenswelten?

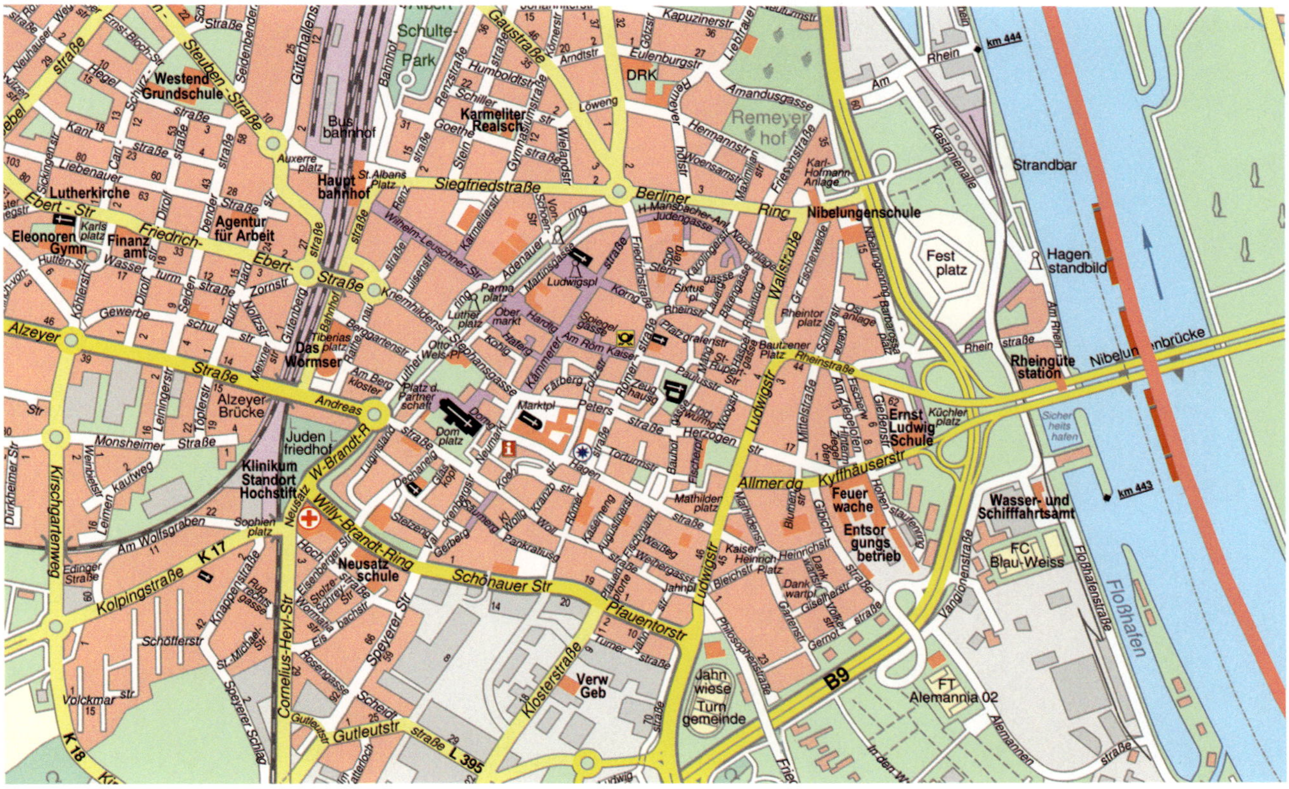

Auf der Karte ist ein Ausschnitt der Wormser Innenstadt abgebildet. Im Mittelalter war **Worms** eine politisch und religiös bedeutende Stadt. Besonders die Biografien der **Salier** und von **Luther** sind mit dem Namen Worms eng verbunden.

1. Betrachte die Karte und markiere die Straßen und Gebiete, deren Namen und Bedeutung noch aus dem Mittelalter stammen könnten.
2. Arbeite aus der Karte heraus, welche mittelalterlichen Berufe in der Stadt Worms ausgeübt wurden und wo diese angesiedelt waren.
3. Stelle eine Vermutung auf, welcher Zusammenhang zwischen dem Berufszweig und seiner Lage in der Stadt bestehen könnte.
4. Markiere in der Karte das mittelalterliche jüdische Getto der Stadt Worms und überlege, welche Folgen dies für die damaligen Bewohner des Gettos in Worms hatte. Ziehe dabei Parallelen zur heutigen Zeit.

Best.-Nr. 024738

Heutige Städte – Zeugen mittelalterlicher Gemeinschaft und Lebenswelten?

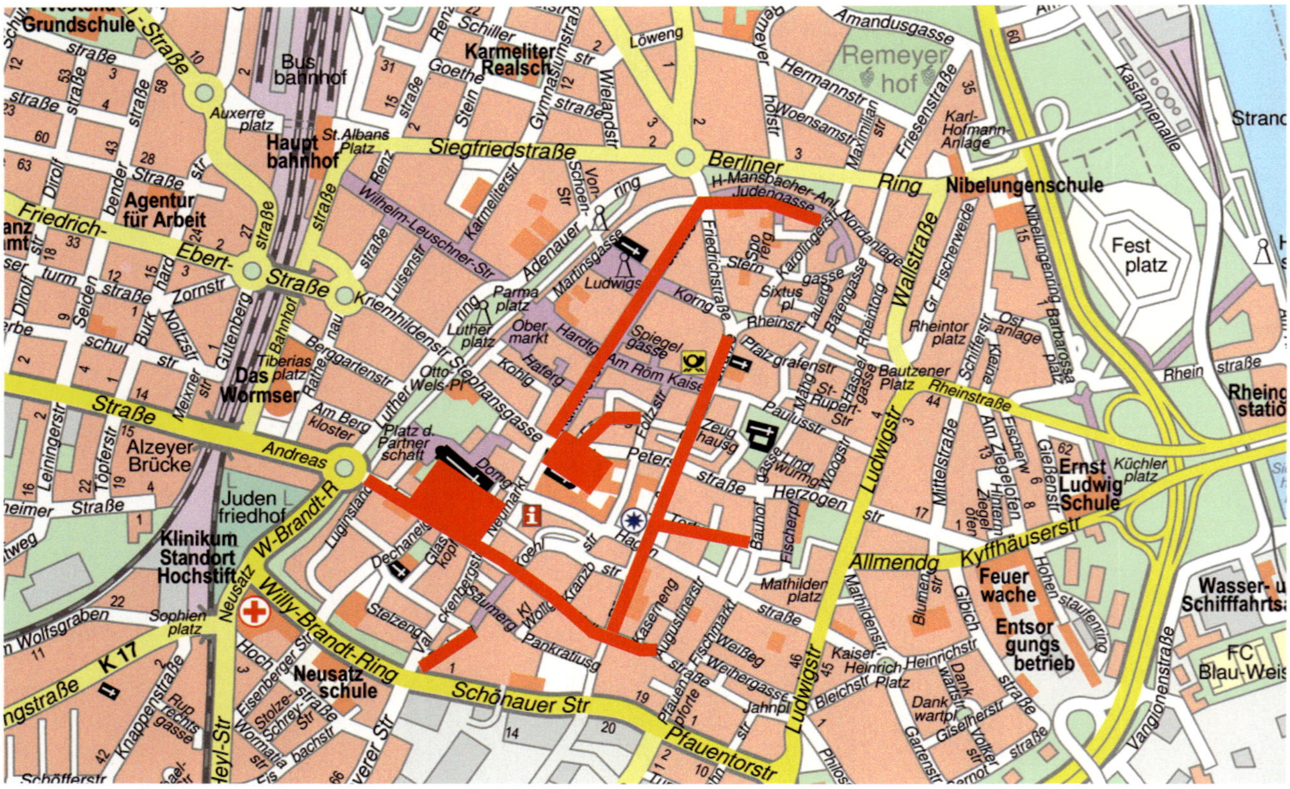

1. Betrachte die Karte und markiere die Straßen und Gebiete, deren Namen und Bedeutung noch aus dem Mittelalter stammen könnten.
   Judengasse, Dom, Synagoge, Färbergasse, Römerstraße, Kämmererstraße, Torturmstraße, Marktplatz, Rathaus, Gerbergasse, Wollstraße, Glaskopf etc.

2. Arbeite aus der Karte heraus, welche mittelalterlichen Berufe in der Stadt Worms ausgeübt wurden und wo diese angesiedelt waren.
   Gerber in der Gerbergasse, Färber in der Färbergasse, Kämmerer in der Kämmererstraße, Glasproduktion im Glaskopf, Wollproduzenten in der Wollstraße, Händler auf dem Markt.

3. Stelle eine Vermutung auf, welcher Zusammenhang zwischen dem Berufszweig und seiner Lage in der Stadt bestehen könnte.
   Besonders Berufe, die aufgrund ihres Geruchs und Lärms störend waren, wurden meist außerhalb der Innenstadt angesiedelt, Händler und Kämmerer eher in der Stadtmitte.

4. Markiere in der Karte das mittelalterliche jüdische Getto der Stadt Worms und überlege, welche Folgen dies für die damaligen Bewohner des Gettos in Worms hatte. Ziehe dabei Parallelen zur heutigen Zeit.
   Liegt im Norden am Berliner Ring. Juden waren abgegrenzt und baulich aus der Innenstadt verbannt. Sie konnten sich nicht in die Stadtgemeinschaft integrieren. Siehe heutige Gettos in den USA und Berlin-Moabit. Verfehlte Integrationspolitik der 60er. Es bilden sich Parallelgesellschaften.

Best.-Nr. 024738

Teste dein Wissen

Spielanleitung

Die Schülerinnen und Schüler verwenden eine Spielfigur und einen Würfel. Wer zuerst im Ziel ist, hat gewonnen. Es wird einmal gewürfelt, aber es darf dabei kein Feld mit einem Fragezeichen übersprungen werden. Die gelben Felder gehören zu den Gebäuden. Dort sollen die Lernenden die Bedeutung und Verwendung erklären. Die blauen Felder gehören zu den Gassen und Straßen. Dort sollen die Berufe und die Lage erklärt werden. Nur bei richtiger Antwort darf weitergewürfelt und somit weitergezogen werden. Ansonsten muss man eine Runde aussetzen!

Gebäude	Bedeutung	Straße/Gasse	Erklärung
Synagoge	Gebetshaus der Juden	**Judengasse**	Dort lebten die Juden abgetrennt von dem Rest der Stadt im Getto.
Marktplatz	Dort wurden Waren wie Felle, Glas, Waffen, Schmuck, Nahrung, Tiere und Kräuter angeboten.	**Kämmererstraße**	Bediensteter fürstlicher Höfe oder der Inhaber eines Klosteramts
Kirche	Gebetshaus der Christen	**Gerbergasse**	Verarbeitung von rohen Tierhäuten zu Leder
Rathaus	Diente dem Bürgermeister und als Versammlungsort des Rats. Dort wurde auch Gericht gehalten.	**Färbergasse**	Tätigkeit des Färbens von Stoffen
Stadtmauer	Als Schutz vor Feinden und zur Abgrenzung vom Land	**Wollgasse**	Produzieren von Wolle durch Schaffelle

Best.-Nr. 024738

Teste dein Wissen

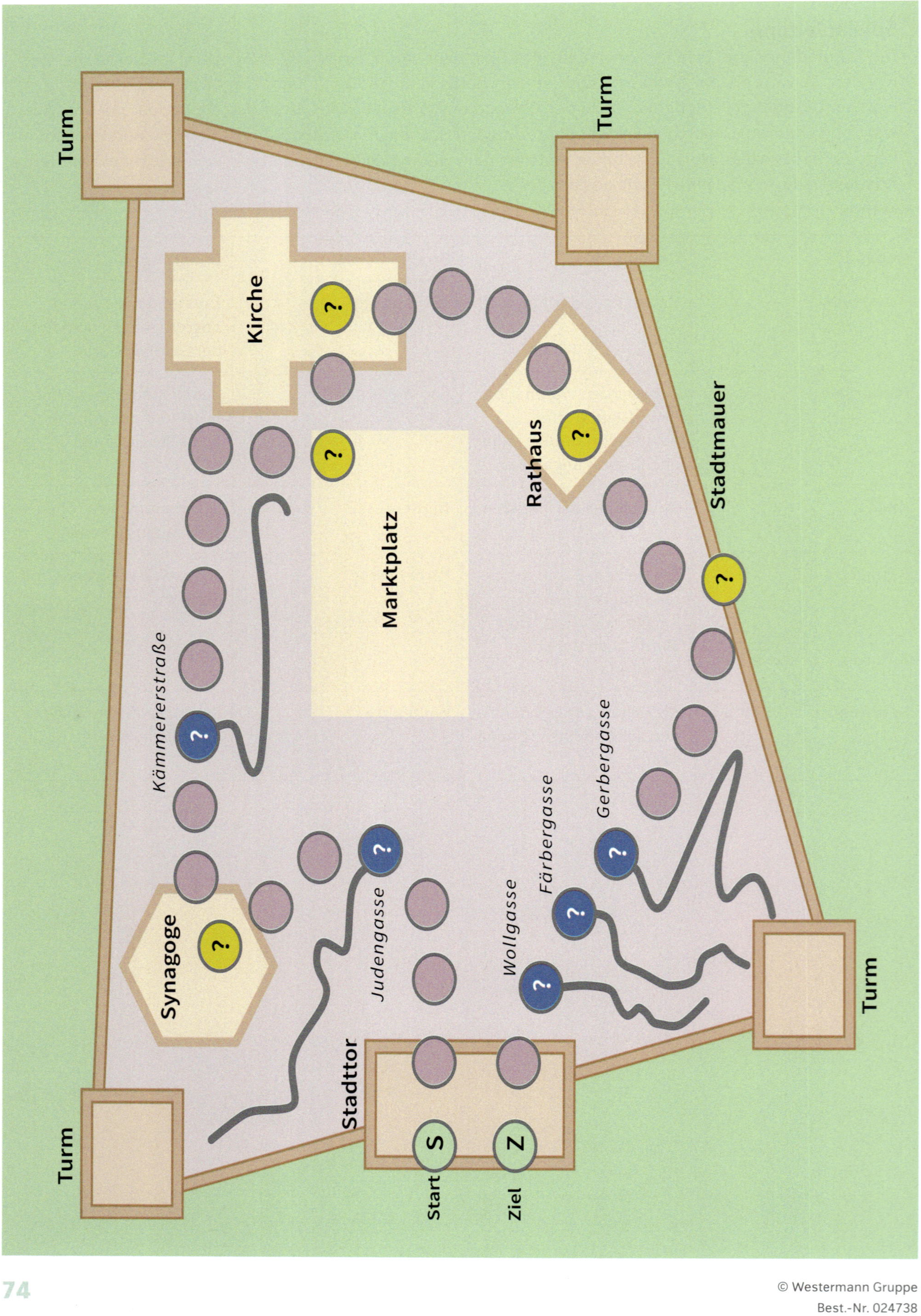

Best.-Nr. 024738

Baustein 5

Mittelalterliche Monatsbilder

Überblick

In diesem Baustein finden Sie Arbeitsblätter zum Thema „Mittelalterliche Monatsbilder". Diese Kunstwerke gestalten und repräsentieren zyklenartig die jeweiligen Monate und stellen klassische Themen der mittelalterlichen bildenden Kunst dar.

- Unter der Fragestellung **Im Monat Juni/Juli – ein Tag wie jeder andere?** (**AB 1a – b**) werden zwei Monatsbilder aus dem Freskenzyklus „Zyklus der Monate" des Adlerturms des Castello del Buonconsiglio (1397) analysiert, in welchen adliges und bäuerliches Leben gegenübergestellt werden. Das **AB 1c** knüpft thematisch an und fördert die Kreativität der Schüler an, indem sie ein Monatsbild aus heutiger Sicht entwerfen können.

Arbeitsblatt 1a – c
S. 77 ff.

- Mithilfe des **AB 2a** wird ein mittelalterlicher Faltkalender, um das Jahr 1400 entstanden, zum Unterrichtsthema. Unter der Fragestellung **Die bäuerlichen Tätigkeiten – nur möglich beim Licht des Tages?** werden die dargestellten typischen Monatsarbeiten untersucht. Eine Lösungshilfe (**AB 2b**) in Form einer Tabelle erleichtert das Arbeiten und gewährt Übersichtlichkeit.

Arbeitsblatt 2a – b
S. 82 f.

Sachanalyse

Monatsbilder als Teilbereich der bildenden Kunst

Die ältesten Monatsbilder sind im 1. Jahrhundert nach Christus entstanden und gehen auf die Einführung des julianischen Kalenders im Jahre 45 v. Chr. zurück. Im gesamten Mittelalter erfreute sich dieser Teilbereich der bildenden Kunst großer Beliebtheit; in der Neuzeit entstand hieraus die Landschafts- und die Alltagsmalerei. Monatsbilder sind in Handschriften, als Plastiken und Fresken auch an Außen- und Innenwänden von Kirchen zu finden.

Gottgefälliges Ordnen der strukturlosen Zeit

In Monatsbildern werden die zwölf Monate jeweils einzeln visuell aufgearbeitet und ihrer Abfolge nach zusammengestellt. Dabei können die einzelnen Monate sehr detailreich dargestellt werden oder schemenhaft in Form einzelner Figuren oder Tätigkeiten. Motive können beispielsweise die jeweils abzuleistenden (Feld-)Arbeiten sein, die in einem Kontext von Mythologie und Kosmologie dargestellt werden: Neben den jahreszeitlichen Abfolgen und Aufgaben sind oft die zwölf Tierkreiszeichen zu sehen. Die Verbindung der menschlichen Arbeiten und der „himmlischen" Abbildungen bestimmt somit das menschliche Leben näher und integriert es in die gottgegebene Ordnung. Die an sich strukturlose Zeit wird geordnet und den Menschen wird der Lebensweg in einem gottgewollten Sinne aufgezeigt.

Bauern und Adlige im direkten Vergleich

Neben den Feldarbeiten werden auch weitere Aufgaben thematisiert: Das Weiterverarbeiten der Ernte, das Fischen oder Jagen oder auch fröhliche Tätigkeitsfelder bestimmen die Monatsbilder. In der Gesamtkonzeption ähnlich, treten hierbei die Unterschiede zutage: Neben den Vorlieben der Auftraggeber oder Künstler bestimmt auch der Zweck zu einem gewissen Anteil die bildnerische Ausgestaltung. Spätestens hier wird aber deutlich: Die Interpretation der Monatsbilder als Visualisierung der bäuerlichen Arbeiten greift zu kurz, denn teilweise sind die Lebensinhalte aus der Sicht von Klerus und Adel, den Auftraggebern der Kunstwerke, dargestellt. Beispielsweise können hier Jagdszenen, Wein- und Holzbau als Privilegien der höheren Stände angeführt werden. Zudem sind die Szenen stark stilisiert und beschönigt, auch entspricht eine Beschränkung der Darstellung auf eine Tätigkeit pro Monat – wie im Beispiel des Faltkalenders zu sehen sein wird – natürlich keineswegs der Realität. Schwierigkeiten oder Herausforderungen werden nicht thematisiert, sondern eine heile Welt, in einer gottgegebenen Ordnung aufgegangen, wird dargestellt. Der folgende Faltkalender aus dem Jahre 1400 weist zudem eine Besonderheit auf: Tages- und Nachtzeiten sind in Form der jeweiligen Stundenanzahl verzeichnet. Dies ist wohl darauf zurückzuführen, dass der Tag den Lebensrhythmus der Menschen entscheidend bestimmte, da künstliches Licht natürlich nicht zur Verfügung stand.

Das Fresko „Zyklus der Monate“ aus dem sogenannte Adlerturm des Castello del Buonconsiglio wurde im Jahre 1397 von dem böhmischen Maler Meister Wenzel fertiggestellt. Auftraggeber war der Fürstbischof von Trient Georg von Liechtenstein. Die Freskenmalereien sind leider unvollständig erhalten, da der Monat März einem Brand zum Opfer fiel. Das Besondere an diesen Monatsbildern ist die Zweiteilung: Den Bauern in ihren Tätigkeiten werden die Adligen gegenübergestellt. Eingebettet in einer jahreszeitlichen Landschaft werden u.a. zeittypische Architektur, Kleidung und Werkzeuge präsentiert. Die liebevolle und detailreiche Ausgestaltung lassen den Zyklus damit zu einer reichhaltigen historischen Quelle für die unterschiedlichen Lebensweisen von Bauern und Adligen im Mittelalter im Wechsel der Jahreszeiten werden.

Methodisch-didaktische Analyse

Vorab sollten die Lernenden in einem kurzen Lehrervortrag auf das Besondere der Monatsbilder als Quelle aufmerksam gemacht werden (vor allem die zyklenartige Darstellung der monatlichen Aufgaben ist hier zu erwähnen). Für die anschließende Aufgabenbearbeitung
AB 1a–b (**AB 1a/b**) ist eine Einzelarbeit möglich, besser bietet sich jedoch die Partner- oder Gruppenarbeit an, da es sich um sehr detailreiche Quellen handelt, die von den Schülerinnen und Schülern im gemeinsamen Austausch zu entschlüsseln sind. Zudem sind die weiteren Aufgaben leichter im Team zu lösen. Die Auswahl von zwei Monatsbildern des Freskenzyklus macht es möglich, die Lernenden zeitgleich an unterschiedlichen Bildern arbeiten zu lassen. In der Sicherungsphase können die Ergebnisse an der Tafel zusammengetragen werden. Dazu bietet es sich an, die Monatsbilder der Klasse jeweils zusätzlich auf Folie zu präsentieren. In schwächeren Lerngruppen können die Bilder vorab gemeinsam beschrieben werden. Nach der Besprechung der Aufgabe 4 kann der Klasse die Stundenfrage ge-
Leitfrage stellt werden: **Im Monat Juni/Juli – ein Tag wie jeder andere?** Das **AB 1c** knüpft thematisch
AB 1c an und soll die Schülerinnen und Schüler dazu anregen, sich aus heutiger Sicht Gedanken über einen Monat ihrer Wahl zu machen und ihren Alltag zu reflektieren. Die Aufgabe bietet sich auch als Hausaufgabe an und die konkrete Ausgestaltung bleibt der jeweiligen Neigung überlassen.

AB 2a Das **AB 2a** macht die Schülerinnen und Schüler mit typischen Monatstätigkeiten vertraut. Es sind einfache Tätigkeiten, die hier dargestellt werden. Die Aufgabenstellung schult das genaue Beschreiben bzw. die intensive Auseinandersetzung mit dem Unterrichtsgegenstand, Partner- oder Gruppenarbeit ist hier besonders geeignet. Die Lösungshilfe in Form
AB 2b einer Tabelle (**AB 2b**) soll das Arbeiten erleichtern und Übersichtlichkeit gewährleisten. Eine weitere Aufgabe lenkt den Fokus auf die besondere Bedeutung der Sonnenstunden für
Leitfrage die Menschen im Mittelalter. Die Stundenfrage **Die bäuerlichen Tätigkeiten – nur möglich beim Licht des Tages?** kann abschließend thematisiert werden.

Im Monat Juni – ein Tag wie jeder andere?

1. Vergleiche die Darstellung der Bauern mit der der Adligen. Lege dazu eine Tabelle an (Kleidung, Tätigkeiten, Unterkunft).
2. Kunstwerke sagen uns oft etwas über das Denken der damaligen Menschen. Erkläre, inwiefern sich durch die Darstellung Regeln für das menschliche Leben ableiten lassen.
3. Erkläre, welche Bedeutung die Monatsbilder für die Menschen hatten vor dem Hintergrund, dass sie vor allem in und an Kirchen bzw. in religiösen Handschriften zu finden waren.
4. Zähle auf, welche Probleme und Schwierigkeiten der Menschen nicht dargestellt wurden. Stelle Vermutungen darüber an, warum diese Aspekte fehlen.

Best.-Nr. 024738

Im Monat Juli – ein Tag wie jeder andere?

1. Vergleiche die Darstellung der Bauern mit der der Adligen. Lege dazu eine Tabelle an (Kleidung, Tätigkeiten, Unterkunft).
2. Kunstwerke sagen uns oft etwas über das Denken der damaligen Menschen. Erkläre, inwiefern sich durch die Darstellung Regeln für das menschliche Leben ableiten lassen.
3. Erkläre, welche Bedeutung die Monatsbilder für die Menschen hatten vor dem Hintergrund, dass sie vor allem in und an Kirchen bzw. in religiösen Handschriften zu finden waren.
4. Zähle auf, welche Probleme und Schwierigkeiten der Menschen nicht dargestellt wurden. Stelle Vermutungen darüber an, warum diese Aspekte fehlen.

Ein Monatsbild aus heutiger Sicht

Monat: ____

- Entwirf dein eigenes Monatsbild. Entscheide dich für einen Monat und male oder erstelle eine Collage dazu, was das Monatsbild aus deiner heutigen Sicht enthalten müsste.

Best.-Nr. 024738

Im Monat Juni/Im Monat Juli/Ein Monatsbild aus heutiger Sicht

➡ Zu AB 1a

1. Vergleiche die Darstellung der Bauern mit der der Adligen. Lege dazu eine Tabelle an (Kleidung, Tätigkeiten, Unterkunft).

	Leben der Bauern	Leben der Adligen
Kleidung	• Kürzere Gewänder, weniger verziert	• Adlige Paare mit prächtig geschmückten Gewändern (Tanz?)
Tätigkeiten	• Bäuerliche Tätigkeiten: melken, Milch transportieren, Milch verarbeiten, Butter machen	• Die adligen Paare tanzen, fünf Musiker spielen in einem Garten auf (Fest?) • Hunde spielen • Zwei Adlige stehen vor der Stadt, halten etwas Kostbares in den Händen.
Unterkunft	• Hütten mit Schindeldächern, in direkter Nachbarschaft der Kühe	• Stadt mit vielen Türmen

➡ Zu AB 1b

1. Vergleiche die Darstellung der Bauern mit der der Adligen. Lege dazu eine Tabelle an (Kleidung, Tätigkeiten, Unterkunft).

	Leben der Bauern	Leben der Adligen
Kleidung	• helle Kleidung, recht ähnlich	• Adliger im Gewand • Adlige Dame im langen Kleid
Tätigkeiten	• Ein Bauer schleift eine Sense • Andere verrichten Feldarbeiten • Drei Fischer in einem Boot	• Zwei Falkner tragen mehrere Falken (Jagd als Freizeitvergnügen der Adligen). • Ein Adliger übergibt der Dame einen Falken (Symbol für Tapferkeit, Ritterlichkeit, Großzügigkeit).
Unterkunft	• Einfache Hütten mit Schilfdächern	• Burg mit Kamin, Balkon, Zugbrücke • Storch nistet auf dem Dach (Symbol für Glück, auch für die Auferstehung Christi)

Best.-Nr. 024738

Im Monat Juni/Im Monat Juli/Ein Monatsbild aus heutiger Sicht

➡ Zu AB 1a/b

2. **Kunstwerke sagen uns oft etwas über das Denken der damaligen Menschen. Erkläre, inwiefern sich durch die Darstellung Regeln für das adlige und das bäuerliche Leben ableiten lassen.**
   Unterschiedliche Antworten möglich; die Schülerinnen und Schüler sollten aber herausstellen, dass die Menschen auf der Welt eine ihnen zugewiesene Rolle auszufüllen hatten, die je nach Geburt das Leben arbeitsreich oder vergnügsam werden lässt.

3. **Erkläre, welche Bedeutung die Monatsbilder für die Menschen hatten vor dem Hintergrund, dass sie vor allem in und an Kirchen bzw. in religiösen Handschriften zu finden waren.**
   Die Abbildungen von Monatsbildern in Kirchen und religiösen Handschriften lässt darauf schließen, dass die Unterteilung der Gesellschaft in Bauern und Adlige gottgewollt ist. Für die Menschen gilt es, die von Gott zugewiesene Rolle bestmöglich und ohne Widerrede zu erfüllen. Der Heilsweg (ins Paradies) wird aufgezeigt, den Menschen wird der Weg zu einem gottgewollten Leben gewiesen. Damit wird die Aufteilung der Gesellschaft durch christliche Lehren zementiert.

4. **Zähle auf, welche Probleme und Schwierigkeiten der Menschen nicht dargestellt wurden. Stelle Vermutungen darüber an, warum diese Aspekte fehlen.**
   Verschiedene Antworten sind möglich; beispielsweise herrscht immer gutes Wetter vor, auch werden keine Unfälle o. Ä. dargestellt. Die Monatsbilder sollten ein Leben aufzeigen, wie es im Idealfall sein könnte.

➡ Zu AB 1c

- **Entwirf dein eigenes Monatsbild. Entscheide dich für einen Monat und male oder erstelle eine Collage dazu, was das Monatsbild aus deiner heutigen Sicht enthalten müsste.**
  Die Schüler gestalten einen Monat nach ihren persönlichen Eindrücken und Erfahrungen.

Meister Venceslao: Zyklus der Monate, Adlerturm in Trient (ca. 1400)

Best.-Nr. 024738

Die bäuerlichen Tätigkeiten – nur möglich beim Licht des Tages?

Die Abbildungen stammen aus einem Faltkalender aus dem Spätmittelalter um das Jahr 1400. Es handelt sich hierbei um einen kompletten Monatsbilderzyklus. Dargestellt werden traditionelle Arbeiten, angegeben sind auch die Tierkreiszeichen. Außerdem wird gezeigt, wie viele Stunden in dem jeweiligen Monat mit Tageslicht und Nacht vorkommen.

1. Leider sind die Abbildungen durcheinandergeraten. Schneide die einzelnen Monate aus, sortiere sie in der richtigen Reihenfolge und klebe sie auf das Arbeitsblatt.
2. Beschreibe in Stichworten, was auf den einzelnen Bildern gezeigt wird und benenne das Sternzeichen.
3. Stelle Vermutungen darüber an, wieso der Anzahl der Sonnenstunden eine besondere Bedeutung zukam.

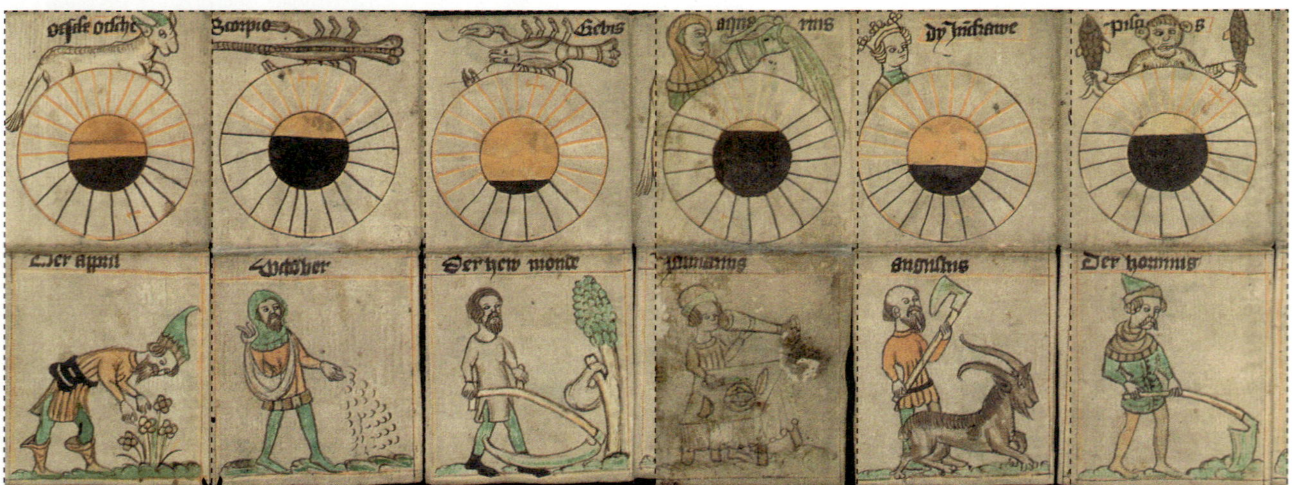

Best.-Nr. 024738

Ein mittelalterlicher Faltkalender um 1400

Monat	Kalenderbild	Beschreibung
Januar		
Februar		
März		
April		
Mai		
Juni		

Best.-Nr. 024738

Ein mittelalterlicher Faltkalender um 1400

Monat	Kalenderbild	Beschreibung
Juli		
August		
September		
Oktober		
November		
Dezember		

Best.-Nr. 024738

Die bäuerlichen Tätigkeiten/Ein mittelalterlicher Faltkalender um 1400

Monat	Januar	Februar	März	April	Mai	Juni
Kalenderbild						
Beschreibung	Sternzeichen Wasser-mann Person am gedeckten Tisch	Sternzeichen Fisch Bauer mit Handpflug beim Umpflügen des Feldes	Sternzeichen Widder Bauer mit Beil be-schneidet einen Baum (Obstbaum)	Sternzeichen Stier Bauer betrachtet Blumen	Sternzeichen Zwilling Nackter Bauer mit Zweigen und Wasser-eimer (Maibad als mittelal-terliches Ritual zum Ende des Winters)	Sternzeichen Krebs Bauer mit Sense bei der Feldarbeit
Monat	**Juli**	**August**	**September**	**Oktober**	**November**	**Dezember**
Kalenderbild						
Beschrei-bung	Sternzeichen Löwe Bauer mit Handsichel beim Ernten von Getreide	Sternzeichen Jungfrau Bauer mit Axt und Ziege	Sternzeichen Waage Bauer mir Dreschfle-gel beim Getreidedre-schen	Sternzeichen Skorpion Bauer bei der Aussaat (Winterweizen)	Sternzeichen Schütze Bauer schlachtet Schwein	Sternzeichen Stein-bock Bauer beim Backen von Brot

3. Stelle Vermutungen darüber an, wieso der Anzahl der Sonnenstunden eine besondere Bedeutung zukam.

Da die Menschen über keine künstliche Beleuchtung verfügten, musste für die meisten Tätigkeiten das Tageslicht genutzt werden. Es bestimmte somit das menschliche Leben in entscheidendem Maße.

Best.-Nr. 024738

Teste dein Wissen

Sprichwörter

Sprichwörter sind feststehende Formulierungen. Sie stellen auf eine leicht zu merkende Art und Weise verallgemeinernde Erfahrungen dar, besaßen im Mittelalter eine besondere Bedeutung und waren sehr beliebt, da man viel Wert auf das für alle Menschen Gültige in den Aussagen legte.
Kannst du allen Sprichwörtern sowohl ihre jeweilige Bedeutung als auch ihre Herkunft zuordnen?

Sprichwort	heutige Bedeutung	Herkunft
Sich wie gerädert fühlen	Heimlich etwas geplant haben	Geht auf die Ritterturniere zurück, als das Verlassen eines Verbündeten diesen dem Stich des Gegners aussetzte.
Jemandem den Kopf waschen	Kurzes Hinschauen	Geht auf die Nutzung der Stallungen, um Platz für eine große Feier zu haben, zurück.
Einen Zahn zulegen	Etwas angestellt oder sich schuldig gemacht haben	Geht auf das Klopfen auf Büsche bei der Jagd zurück, um eventuell versteckte Tiere aufzuscheuchen.
Ein Auge riskieren	Aufgrund von Strapazen sehr erschöpft sein	Geht auf die Schilde der Ritter zurück, auf denen das Familienwappen geführt wurde.
Den Löffel abgeben	Jemandem die Unterstützung verweigern	Geht auf Markierungen zwischen Geschäftspartnern auf Hölzern zurück, als noch nicht viele Menschen schreiben konnten.
Etwas im Schilde führen	Besonders hemmungslos feiern	Geht darauf zurück, dass jeder seinen eigenen Löffel besaß, mit welchem er dauerhaft aß.
Etwas auf dem Kerbholz haben	(Vorsichtig) Versuchen, etwas herauszubekommen	Geht auf das Tieferhängen eines Kessels zurück, der dann näher am Feuer schneller erhitzte.
Die Sau rauslassen	Die Geschwindigkeit erhöhen	Geht auf das (gefährliche) Öffnen der Sichtöffnung bei Ritterhelmen zurück.
Auf den Busch klopfen	Jemand ist gestorben.	Geht auf eine teilweise schmerzhafte Reinigung mit Kleie zurück.
Jemanden im Stich lassen	Jemanden zurechtweisen bzw. jemandem die Meinung sagen	Geht auf eine mittelalterliche Hinrichtungsform zurück.

Teste dein Wissen

Sprichwörter

Sprichwort	heutige Bedeutung	Herkunft
Sich wie gerädert fühlen	Aufgrund von Strapazen sehr erschöpft sein	Geht auf eine mittelalterliche Hinrichtungsform zurück.
Jemandem den Kopf waschen	Jemanden zurechtweisen bzw. jemandem die Meinung sagen	Geht auf eine teilweise schmerzhafte Reinigung mit Kleie zurück.
Einen Zahn zulegen	Die Geschwindigkeit erhöhen	Geht auf das Tieferhängen eines Kessels zurück, der dann näher am Feuer schneller erhitzte.
Ein Auge riskieren	Kurzes Hinschauen	Geht auf das (gefährliche) Öffnen der Sichtöffnung bei Ritterhelmen zurück.
Den Löffel abgeben	Jemand ist gestorben.	Geht darauf zurück, dass jeder seinen eigenen Löffel besaß, mit welchem er dauerhaft aß.
Etwas im Schilde führen	Heimlich etwas geplant haben	Geht auf die Schilde der Ritter zurück, auf denen das Familienwappen geführt wurde.
Etwas auf dem Kerbholz haben	Etwas angestellt oder sich schuldig gemacht haben	Geht auf Markierungen zwischen Geschäftspartnern auf Hölzern zurück, als noch nicht viele Menschen schreiben konnten.
Die Sau rauslassen	Besonders hemmungslos feiern	Geht auf die Nutzung der Stallungen, um Platz für eine große Feier zu haben, zurück.
Auf den Busch klopfen	(Vorsichtig) Versuchen, etwas herauszubekommen	Geht auf das Klopfen auf Büsche bei der Jagd zurück, um eventuell versteckte Tiere aufzuscheuchen.
Jemanden im Stich lassen	Jemandem die Unterstützung verweigern	Geht auf die Ritterturniere zurück, als das Verlassen eines Verbündeten diesen dem Stich des Gegners aussetzte.

Best.-Nr. 024738

Baustein 6

Kunstgeschichte – Romanik und Gotik im Mittelalter

Überblick

In diesem Baustein finden Sie Arbeitsblätter zum Thema „Kunstgeschichte – Romanik und Gotik im Mittelalter", den beiden bedeutendsten kunstgeschichtlichen Epochen bzw. Stilen des europäischen Mittelalters.

Arbeitsblatt 1a – b
S. 91ff.

- Unter der Fragestellung **Romanik und Gotik im Vergleich – Was erzählen uns die Bauwerke?** (**AB 1a – b**) wird ein romanischer Dom einer gotischen Kathedrale gegenübergestellt.

Arbeitsblatt 2
S. 96

- Mithilfe des **AB 2** wird unter der Fragestellung **Der mittelalterliche Tretkran – geniale Konstruktion oder einfache Maschine?** hinterfragt, ob die Epoche wirklich als dunkel und rückständig zu bezeichnen ist, wie oft vorschnell behauptet wird.

Arbeitsblatt 3a – b
S. 98f.

- Schließlich werden zwei Darstellungen heutiger Autoren über das Licht in gotischen Kathedralen (**AB 3a**) und über handwerklich-technische Fragen zum Kirchenbau angeboten (**AB 3b**).

Arbeitsblatt 4
S. 101

- Die Bewahrung unseres kulturellen Erbes und damit ein aktueller Bezug wird mithilfe des **AB 4** thematisiert. Die Stundenfrage **Denkmalschutz – eine Dorfkirche aus der Romanik retten?** strukturiert die Beschäftigung mit erhaltenswerten Zeugnissen aus der Vergangenheit.

Sachanalyse

Kunstgeschichte im Mittelalter

Das europäische Mittelalter als Epoche zwischen Antike und Neuzeit, zeitlich verortet zwischen ca. 500 bis 1500, lässt sich kunstgeschichtlich in das dynastisch unterteilbare Frühmittelalter (merowingische, karolingische und ottonische Kunst) und das Hoch- bzw. Spätmittelalter unterteilen. Hier dominieren zwischen ca. 1000 – 1200 die Romanik und zwischen 1150 – 1500 die Gotik in ihren unterschiedlichen nationalen Ausprägungen und Übergängen. Obwohl die Romanik sowie die Gotik sich natürlich in weitere Stilphasen unterteilen lassen, können beiden Kunstepochen typische Erkennungsmerkmale zugeordnet werden. Dies gilt vor allem in der Architektur.

Romanik

Die Romanik als erste große europäische Kunstepoche weist in ihren Bauten eine schwer und stabil wirkende Bauweise auf. Profangebäude sind kaum erhalten, da diese zumeist aus Holz gebaut wurden, damit besonders der Witterung ausgesetzt waren und die Zeit nicht überdauern konnten. Sakralbauten sind erhalten; die an den Außenseiten schmucklosen Kirchengebäude erinnern mit ihren mächtigen Mauern, wuchtigen Säulen und eher kleinen, aber massiven Türmen an Festungen. An den Außenwänden befinden sich zumeist wenige, kleine Fenster. Im Inneren der Bauten ist es dementsprechend dunkel, dekorative Elemente bleiben selten. Typisch sind Rundbögen und Rundbogenfenster. Für die Menschen, welche ansonsten nur kleine Behausungen kannten, zeugten die wuchtigen Bauten von der allumfassenden Macht Gottes und verdeutlichten die Stärke der christlichen Religion. So dienten die Kirchen in Kriegszeiten als Festungen auch profanen Zwecken und boten den Menschen den benötigten Schutz.

Gotik

Die Gotik löste die Romanik, von Frankreich ausgehend, ab der Mitte des 12. Jahrhunderts ab und breitete sich über Europa aus. Wiederum in der Architektur ist die „neue" Kunstepoche besonders gut von der Romanik abzugrenzen. Die an den Außenseiten stark dekorierten Kirchengebäude wirken durch ihre dünnen Mauern und schlanken Säulen leicht und elegant. Die Türme ragen nun spitz in größere Höhen hinauf. An den Außenwänden sind auffällig viele große Fenster zu finden; neue Materialien wie einfarbiges und buntes Glas werden eingesetzt. Die großen Fenster mit ihren nun typischen Spitzbögen sorgen für helle Innenräume, welche mit einer detailreichen Dekoration ausgestattet sind. Möglich war diese Entwicklung u. a. durch den wirtschaftlichen Aufschwung, technische Neuerungen und politische Konkurrenzsituationen, die zu einer Etablierung immer prächtigerer Bauten führte. Die Menschen beeindruckte die gotische Kathedrale durch ihre schlanken, in die Höhe strebenden Formen. Die Allmacht Gottes zeigte sich nun in ihrer ganzen Erhabenheit und Würde, in Schönheit und Klarheit. So wirken die lichtdurchfluteten Kirchen in ihren Farben als Städte Gottes und weisen dem Betrachter den Weg zu einer höheren Wahrheit; symbolisiert doch Licht die Wärme und das Leben und kommt für die Menschen des Mittelalters direkt von Gott.

Mittelalterliche Hebevorrichtung

Besondere Bedeutung beim Bau gotischer Kathedralen besaßen die Hebevorrichtungen. Ohne die sogenannten Tretradkräne wären mittelalterliche Baustellen kaum denkbar gewesen. Bereits von den Römern eingesetzt, geriet die Konstruktion in Vergessenheit, die Neuerfindung geschah zu Beginn des 13. Jahrhunderts und machte es möglich, größere Lasten einfacher zu bewegen. Die Arbeit der Winden- oder Kranenknechte, die mit Muskelkraft den Kran antrieben, war sehr anstrengend und gefährlich; nicht zuletzt deshalb waren sie die höchstbezahlten Arbeiter auf der Großbaustelle. Die Arbeit im Akkord verlangte eine enorme Kondition, Unfälle oder gar Todesfälle waren an der Tagesordnung, da man die Lasten nicht vernünftig sichern und diese sich verselbstständigen konnten.

Keine rückständige oder starre Epoche

Nicht zuletzt am Kirchenbau, am Übergang zwischen Romanik und Gotik, wird deutlich, dass das Mittelalter keine rückständige und starre Epoche ohne Innovationen darstellt. Die sich mehr und mehr arbeitsteilig organisierende Gesellschaft brachte u. a. spezialisierte Handwerker hervor und die innovative gotische Baukunst erschuf Gebäude, die uns bis heute beeindrucken.

Methodisch-didaktische Analyse

AB 1a – b

Den Schülerinnen und Schülern wird mithilfe der **AB 1a – b** die Kunstepoche der Romantik in Abgrenzung zur Gotik vermittelt. Aus diesem Grund soll keine historisch-wissenschaftliche Kunstgeschichte betrieben werden, sondern werden den Epochen gemeinsame bzw. „typische" Merkmale jeweils herausgestellt. Hierzu dienen Fotografien und Grundrisse des Doms zu Speyer (romanisch, Baubeginn vermutlich 1025) und der Kathedrale zu Reims (gotisch, Baubeginn 1211). Die Zeichnungen der Bogen sind nicht speziell diesen Kirchen zuzuordnen, sondern stellen das Typische der Epochen heraus. Es bietet sich an, das Ordnen der Bilder (**AB 1a**) und das anschließende Ausfüllen der Tabelle (**AB 1b**) in Partner- oder Gruppenarbeit ausführen zu lassen, um den Schülern die Chance zu eröffnen, gemeinsam die Merkmale herauszufinden und zu beschreiben. Die Lehrkraft sollte die Bilder auf Folie ziehen und vor dem Einkleben diese gemeinsam mit der Klasse ordnen. Es bleibt der Lehrkraft überlassen, inwieweit die spätere Beschreibung bereits jetzt zu thematisieren ist. Auf jeden Fall sollten die Informationen zu den Bauten (Name, Baubeginn) an der Tafel vermerkt werden. Die Besprechung der Aufgabe 3 führt zur Beantwortung der Stundenfrage:

Leitfrage

Romanik und Gotik im Vergleich – Was erzählen uns die Bauwerke?

AB 2 Mithilfe des **AB 2** diskutieren die Schülerinnen und Schüler anhand des Beispiels eines mittelalterlichen Tretkrans darüber, ob die Epoche als rückständig und innovationslos bezeichnet werden darf. Ist die Fragestellung auch offen formuliert, so soll dies natürlich verneint werden und der Abwertung gegenüber den Menschen der Vergangenheit entgegengewirkt und das Fremdverstehen geschult werden. Dazu dient auch die abschließende Beantwortung der Stundenfrage: **Der mittelalterliche Tretkran – geniale Konstruktion oder einfache Maschine?** (Leitfrage)

AB 3 a – b Alternativ in der Schwerpunktsetzung können die **AB 3 a – b** stattdessen oder als Ergänzung eingesetzt werden. Anhand der Darstellungen zweier heutiger Autoren werden zuerst die baulichen Innovationen der Gotik im Zusammenhang mit der Bedeutung des Lichts thematisiert und anschließend wird über handwerklich-technische Fragen informiert. Die Schülerinnen und Schüler arbeiten wichtige Inhalte aus den Darstellungen heraus, erklären oder ergänzen einzelne Aspekte und formulieren Vermutungen oder nehmen Stellung zu aufgeworfenen Fragen.

AB 4 Die besondere Bedeutung des Denkmalschutzes lernen die Schülerinnen und Schüler anhand einer Dorfkirche in Unterwellenborn kennen (**AB 4**). Der erstmals im Jahre 1125 urkundlich erwähnte Sakralbau offenbart eine erhaltenswerte Ausstattung, aber auch enorme Schäden und damit ist eine ganze Fülle an notwendigen Reparaturen verbunden. Nachdem dies herausgearbeitet wurde, erörtern die Lernenden anschließend, ob diese hohen Investitionen – in Zeiten allgegenwärtiger knapper Kassen – angemessen sind. Eine Rechercheaufgabe verschafft einen kleinen Überblick über die Fülle bedrohter Denkmäler und kann – auch als Hausaufgabe aufgegeben – den Unterricht bereichern. Allgemein gehalten oder am Beispiel der Dorfkirche leitet die Stundenfrage **Denkmalschutz – eine Dorfkirche aus der Romanik retten?** zur abschließenden Diskussion über. (Leitfrage)

Romanik und Gotik im Vergleich – Was erzählen uns die Bauwerke?

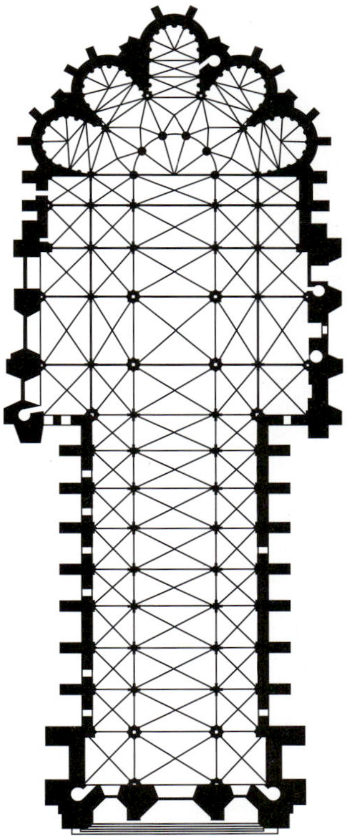

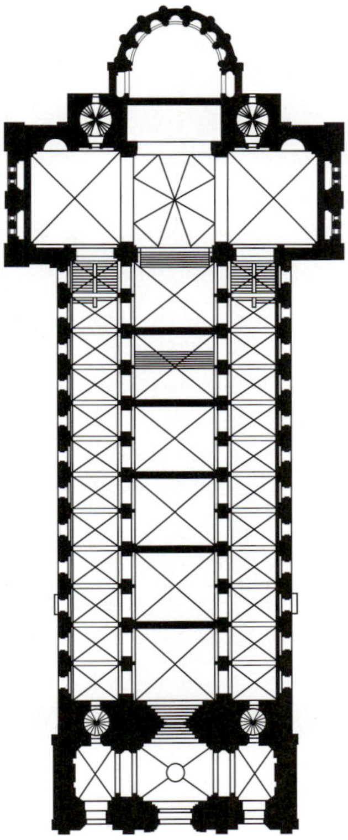

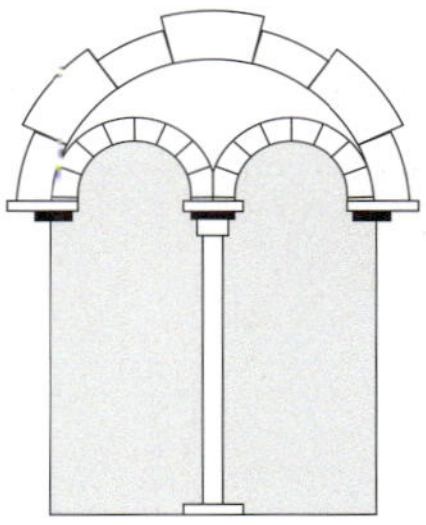

Best.-Nr. 024738

Romanik und Gotik im Vergleich – Was erzählen uns die Bauwerke?

1. Auf den Bildern sind jeweils die Außenansicht, der Innenraum, der Grundriss, typische Fenster und Bögen (damit werden Öffnungen im Mauerwerk überbrückt) einer romanischen und einer gotischen Kirche abgebildet. Schneidet die Bilder aus und ordnet sie, so wie sie zusammengehören.
2. Klebt nach erfolgter Kontrolle die Bilder in euer Heft ein. Füllt anschließend die Tabelle aus, indem ihr die Bilder beschreibt.

Best.-Nr. 024738

Romanik und Gotik im Vergleich – Was erzählen uns die Bauwerke?

Romanische Kirche am Beispiel des Doms zu Speyer

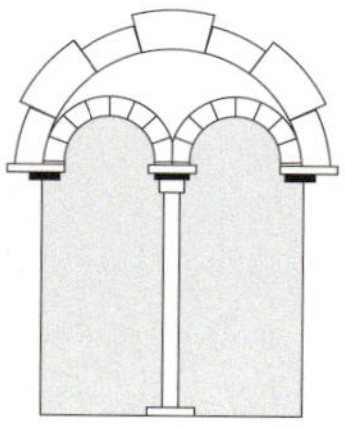
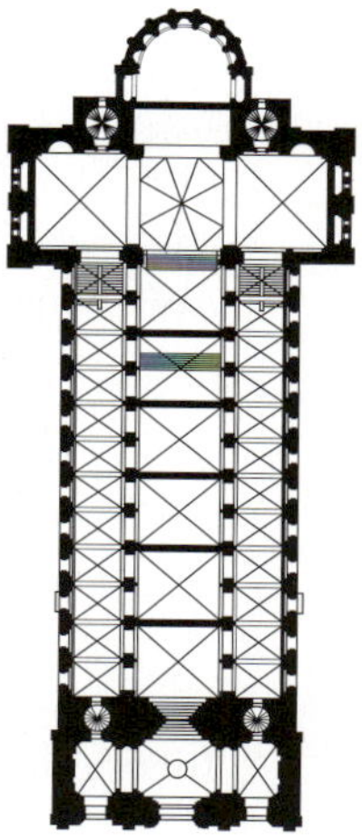

Gotische Kirche am Beispiel der Kathedrale zu Reims

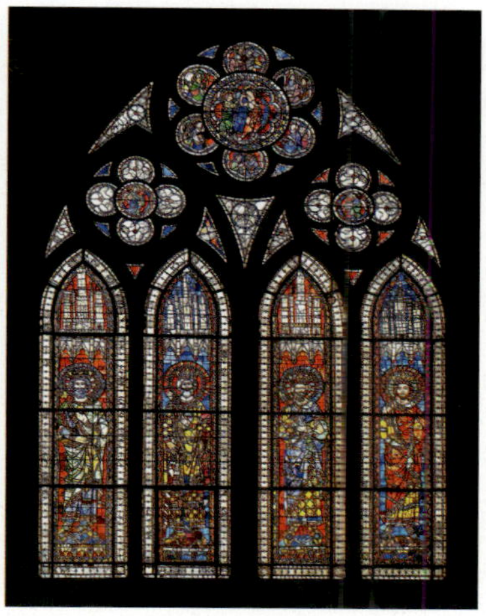

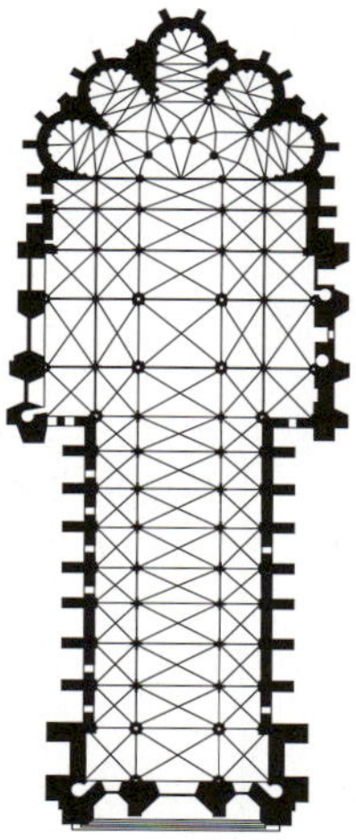

Best.-Nr. 024738

Romanik und Gotik im Vergleich – Was erzählen uns die Bauwerke?

Die Romanik und die Gotik sind zwei unterschiedliche Kunstepochen des Mittelalters. Typische Unterschiede in der Architektur findest du heraus, indem du sorgfältig die Tabelle ausfüllst.

Merkmal	Epoche der Romanik (ca. 1000 – 1150)	Epoche der Gotik (ca. 1150 – 1500)
Außenansicht		
Innenraum		
Fenster		
Bogen		
Grundriss		

- Die Menschen im Mittelalter kannten meist nur kleine, eingeschossige Bauten. Versetze dich in die Situation eines einfachen Bauern, der zum ersten Mal in seinem Leben vor einer Kathedrale steht.

  Verfasse einen inneren Monolog hinsichtlich der Wirkung
  a) **der romanischen Kirche** oder
  b) **der gotischen Kirche** auf dich.

Best.-Nr. 024738

Romanik und Gotik im Vergleich – Was erzählen uns die Bauwerke?

Merkmal	Epoche der Romanik (ca. 1000 – 1150)	Epoche der Gotik (ca. 1150 – 1500)
Außenansicht	massiv, burgartig, mächtig, einfach verziert	aufstrebend, verziert, filigran, mächtig, imposant
Innenraum	schlicht, dunkel (wenig Fenster), hoch	hell, verziert, große Fenster, prächtig
Fenster	dunkel, schmucklos, einfach, burgartig	verziert, bemalt, bunt, großflächig, filigran, aufwendig
Bogen	schlicht, abgerundet	verziert, spitz, filigran
Grundriss	kreuzförmig, geschlossen, massiv	kreuzförmig, offen, leicht

1. Die Menschen im Mittelalter kannten meist nur kleine, eingeschossige Bauten. Versetze dich in die Situation eines einfachen Bauern, der zum ersten Mal in seinem Leben vor einer Kathedrale steht.

Verfasse einen inneren Monolog hinsichtlich der Wirkung
a) **der romanischen Kirche** oder
b) **der gotischen Kirche** auf dich.

a) Individuelle Schülerantwort, wobei herausgestellt werden sollte, dass die massive Bauweise bzw. der Festungscharakter die Schutzfunktion betont und der Bauer von der Architektur überwältigt ist (profan und sakral).

b) Individuelle Schülerantwort, wobei herausgestellt werden sollte, dass die hohe Bauweise, die großen Fenster etc. eher das Schöne betonen und auf Gott verweisen. Auch dieser Bauer ist von der Architektur überwältigt.

Best.-Nr. 024738

Der mittelalterliche Tretkran – geniale Konstruktion oder einfache Maschine?

Besonders wichtig für den Bau mittelalterlicher gotischer Kathedralen, die weit in die Höhe ragen sollten, war der sogenannte Tretradkran, der mittels menschlicher Körperkraft funktionierte. Die Wiederentdeckung der bereits von den Römern eingesetzten Konstruktion revolutionierte den Kirchenbau und machte es möglich, größere Lasten einfacher anzuheben.

Lauf-Rad aus dem 14. Jh., Roque Staint-Christophe

Peter Bruegel d.Ä., Turmbau zu Babel, 1563, Ausschnitt

Fotografie; Kran auf dem Südturm des Kölner Doms

Die hölzernen Treträder von mindestens drei Metern Durchmesser wurden von zumeist ein bis zwei Arbeitern, den sogenannten Winden- oder Kranenknechten, bedient. Die Treträder waren in quadratischen Holzkonstruktionen eingelagert. Über eine lange Achse wurde ein Seil geleitet. Wenn die Arbeiter nun begonnen wurde, setzte sich das Rad in Bewegung und das Seil wickelte sich langsam auf oder ab. So konnten die gewünschten Baumaterialien zur entsprechenden Stelle transportiert werden. Dazu war es hilfreich, dass der Kran nach links oder rechts auch schwenkbar war. Diese Vorrichtung wurde Tretmühle genannt und bezeichnet heute noch eintönige und langweilige Arbeiten („in einer Tretmühle sein").

Der Kran auf dem Südturm des Kölner Doms wurde um das Jahr 1350 errichtet. Mit seiner besonderen Größe galt er lange als Wahrzeichen der Stadt Köln bis zu seiner Demontage um 1868. Der Kran war beinahe 25 Meter hoch und konnte Lasten bis zu einem Gesamtgewicht von zwei Tonnen bewegen. Er war wohl die größte Maschine in der Epoche des Mittelalters.

1. Beschreibe die drei Bilder.
2. Lies den Text ganz genau. Stelle Vermutungen darüber an, warum die sogenannten Winden- oder Kranknechte die bestbezahltesten Arbeiter auf mittelalterlichen Baustellen waren. Erkläre, ob du gerne eine solche Tätigkeit ausgeführt hättest.
3. Diskutiere am Beispiel des Tretkrans, ob das Mittelalter als dunkle und rückständige Epoche bezeichnet werden kann.

Best.-Nr. 024738

Der mittelalterliche Tretkran – geniale Konstruktion oder einfache Maschine?

1. Beschreibe die drei Bilder.
Individuelle Schülerlösung.

2. Lies den Text ganz genau. Stelle Vermutungen darüber an, warum die sogenannten Winden- oder Kranknechte die bestbezahltesten Arbeiter auf mittelalterlichen Baustellen waren. Erkläre, ob du gerne eine solche Tätigkeit ausgeführt hättest.
Die Schülerinnen und Schüler können vermuten, dass die Winden- bzw. Kranknechte hochbezahlte Arbeiter waren, da sie eine anstrengende und lebensgefährliche Arbeit verrichten mussten. Sie mussten in einer überaus guten körperlichen Verfassung sein. Zudem ist bekannt, dass Unfälle u. a. durch den Absturz von Baumaterialen keine Seltenheit waren.

3. Diskutiere am Beispiel des Tretkrans, ob das Mittelalter als dunkle und rückständige Epoche bezeichnet werden kann.
Individuelle Schülerantwort, wobei die Schülerinnen und Schüler herausstellen können, dass der Tretkran eine geniale Erfindung war, die zwar auf menschlicher Körperkraft beruhte, aber von Erfindungsreichtum und Innovation zeugt. Sie können allerdings einschränkend anführen, dass das Wissen über die Technik bereits den Römern eigen war und nach dem Untergang des Weströmischen Reichs verloren ging (veraltete Sichtweise über das Mittelalter als Epoche des Zerfalls und des Niedergangs).

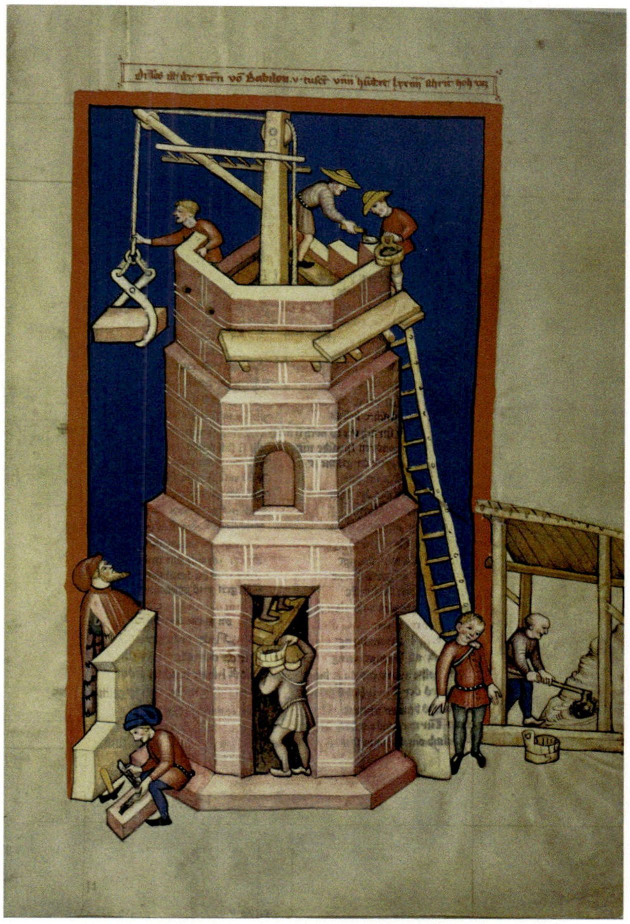

Rudolf von Ems, Miniaturen zur Weltchronik, 1350 – 1375 (Miniatur 10 ´6r Turmbau zu Babel)

Best.-Nr. 024738

Zur Bedeutung des Lichts in gotischen Kathedralen

Zur Bedeutung des Lichts in gotischen Kathedralen äußert sich Johann Hinrich Clausen:

Die gotische Auflösung der Wände schuf die einmalige Gelegenheit, das Kircheninnere in einem bisher ungeahnten Maße mit Licht zu füllen. Natürlich gibt es noch Wände, aber sie sind kaum noch zu sehen, so groß und dominant sind die Maueröffnungen – jetzt wahre Lichtschleusen – geworden. Doch konnte es nicht allein darum gehen, einfach mehr Helligkeit hineinzulassen. Ziel war es, das Licht als eigenständiges Gestaltungselement einzusetzen. [...] Diese Aufgabe fiel den Fenstern zu. Sie führten die Bildpredigten fort, welche die Portale mit ihren wunderbaren Reliefs und Skulpturen dem Gottesdienstbesucher vor dem Eintreten in die Kathedrale hielten, und steigerten sie durch überwältigende Lichteffekte und Farbenspiele. Um die Bedeutung dieser Erfindung auch nur halbwegs einzuschätzen, muss man bedenken, dass Glas damals noch keineswegs ein übliches Baumaterial war. Die Fenster der meisten Häuser waren einfache Lüftungsspalten mit Holzläden davor, die bei Regen oder Kälte geschlossen waren. Entsprechend dunkel muss es drinnen gewesen sein. Die Reichen hatten immerhin Fensterscheiben aus poliertem Horn oder Gitterrahmen, die mit harzgetränkten Leinen bespannt waren. Aber auch sie werden nur einen trüben Lichteinfall genossen haben. Demgegenüber müssen die neuen Kathedralen wie Lichterdome gewirkt haben.

Johann Hinrich Claussen: Gottes Häuser oder die Kunst, Kirchen zu bauen und zu verstehen. Verlag C. H. Beck oHG, München 2010, S. 135 – 137

1. Arbeite heraus, welche baulichen Neuerungen den gotischen Stil ermöglichten.
2. Erkläre, warum helle Räume für die Menschen im Mittelalter etwas Besonderes waren.
3. Überlege, welche Assoziationen du mit Licht und Helligkeit verbindest. Stelle Vermutungen darüber an, welche Bedeutung Licht und Farbe für den Kirchenbau im Mittelalter hatten.

Zu den handwerklich-technischen Fragen beim Kirchenbau

Zu den handwerklich-technischen Fragen beim Kirchenbau äußert sich Hans-Egon Müller:

Die Arbeit begann also im Steinbruch. Den geeigneten Stein zu finden stellte die erste wichtige Aufgabe dar. Von großer Bedeutung waren dabei auch die Entfernung zur Baustelle und der Zustand der Wege dorthin, denn es mussten unzählige Tonnen von Steinmaterial transportiert werden. [...] Darüber hinaus galt es, Eisen, Blei und vor allem gewaltige Mengen von Holz zur Baustelle zu bringen. So bilden allein die Transportaufgaben ein Problem, dessen Bewältigung eine beträchtliche Leistung darstellte. Günstig, wenn – in relativ seltenen Fällen – wenigstens teilweise ein Wasserweg zur Verfügung stand, andernfalls mussten ungezählte Ladungen über beschwerliche Wege auf Ochsenkarren befördert werden. [...]

Wir müssen davon ausgehen, dass nicht unbeträchtliche Teile der Mannschaften ihren Arbeitsplatz in den Steinbrüchen hatten. Die Steinbrecher meißelten Löcher in den Felsen, in die sie Keile aus trockenem Holz einschlugen, welches durch Wasser zum Quellen gebracht, den Stein lossprengten. Im Steinbruch wurden die Steine auch – wenigstens im Groben – behauen, um den Transport nicht unnötig zu belasten. [...]

Für den heutigen Betrachter gewöhnlich nicht mehr deutlich zu erkennen, aber nicht weniger wichtig war die Arbeit der Zimmerleute. Sie errichteten nicht allein die gewaltigen Dachkonstruktionen, sondern entwarfen und bauten auch die Krane und andere Hebezeuge, die Gerüste [...] sicherten während bestimmter Bauphasen einzelne Teile durch Stützen, Zuganker usw. vorübergehend ab und vieles andere mehr. [...] Von den Glasmachern und Glasmalern wird später zu sprechen sein.

Hans-Egon Müller: Notre-Dame von Chatres – Über Sinn und Geist der gotischen Architektur. Im Selbstverlag des Autors. Bad Saarow 2003, S. 73–75

1. Liste auf, welche unterschiedlichen Aufgaben bzw. Berufe für die Errichtung einer Kathedrale benötigt wurden.
2. Ergänze weitere Aufgabenbereiche bzw. Berufe, welche nicht aufgeführt werden.
3. Nimm Stellung, ob es angesichts der vielen unterschiedlichen Aufgaben angebracht ist, von einem dunklen, rückständigen Mittelalter zu sprechen.

Best.-Nr. 024738

Zur Bedeutung des Lichts/Zu den handwerklich-technischen Fragen

➡ Zu AB 3 a

1. Arbeite heraus, welche baulichen Neuerungen den gotischen Stil ermöglichten.
- Wände sind durch große Maueröffnungen unterbrochen.
- Farbige, bemalte Fensterbilder finden Verwendung.
- Glas als neues Material wird eingesetzt.

2. Erkläre, warum helle Räume für die Menschen im Mittelalter etwas Besonderes waren.
Helle Räume waren etwas Besonderes, da Glas kein übliches Baumaterial war. Fenster waren nur Lüftungsspalten, welche mit Holzläden geschlossen wurden. Dementsprechend dunkel war es in den Wohnräumen. Nur die Reichen konnten sich durch andere Materialien wenigstens etwas trübes Licht gönnen (poliertes Horn, Gitterrahmen mit harzgetränktem Leinen)

3. Überlege, welche Assoziationen du mit Licht und Helligkeit verbindest. Stelle Vermutungen darüber an, welche Bedeutung Licht und Farbe für den Kirchenbau im Mittelalter hatten.
- Individuelle Schülerantwort.
- Licht und Farbe bedeuteten für die Menschen des Mittelalters neben Helligkeit auch Wärme und Leben. Das Licht kommt unmittelbar von Gott. Das Licht erleuchtet die Kirchenbilder, die den leseunkundigen Menschen die Lehren der Kirche vermittelten. Außerdem empfanden die Menschen die farbigen Kirchenfenster wohl als schön.

➡ Zu AB 3 b

1. Liste auf, welche unterschiedlichen Aufgaben bzw. Berufe für die Errichtung einer Kathedrale benötigt wurden.
- Arbeit im Steinbruch: Steine finden und auswählen, Steinbrecher „sprengten" die Steine los, Steine werden zumindest grob (vorab) behauen.
- Transport von Steinmaterial zur Baustelle mittels Ochsenkarren oder auf Wasserwegen
- Besorgung weiterer Rohstoffe: Eisen, Blei, Holz
- Zimmerleute: errichteten Dachkonstruktionen, bauten Kräne, Hebezeuge, Gerüste, sicherten Bauteile ab
- Glasmacher und Glasmaler

2. Ergänze weitere Aufgabenbereiche bzw. Berufe, welche nicht aufgeführt werden.
Individuelle Schülerantwort, wobei unter anderem auf die Versorgung der Arbeiter mit Lebensmitteln, Unterkünften, Freizeitgestaltung eingegangen werden kann.

3. Nimm Stellung, ob es angesichts der vielen unterschiedlichen Aufgaben angebracht ist, von einem dunklen, rückständigen Mittelalter zu sprechen.
Individuelle Schülerantwort, wobei es naheliegt, den Menschen – zumindest in ihren jeweiligen Fertigkeitsbereichen – ein Spezialwissen zuzugestehen und sie nicht als rückständig zu bezeichnen.

Best.-Nr. 024738

Denkmalschutz – eine Dorfkirche aus der Romanik retten?

Der Denkmalschutz möchte bedeutende Kulturdenkmäler dauerhaft schützen und für die Nachwelt erhalten. Beispielsweise gilt es, Bauwerke vor dem Verfall zu retten und ihren originalen Zustand möglichst zu erhalten. Neben den Bundesländern – denn der Denkmalschutz ist Sache der 16 deutschen Länder – gibt es private Initiativen wie die Deutsche Stiftung Denkmalschutz. Die folgenden Abbildungen und der nachfolgende Text sind der Webpräsenz dieser Stiftung entnommen:

Eine Dorfkirche in Unterwellenborn wurde 1125 zum ersten Mal urkundlich erwähnt, noch heute lässt sich am Kreuzgewölbe und den Kapitellen ihre romanische Ursprungsform ableiten. Wie viele Kirchen wurde der Bau über die Jahrhunderte stetig erweitert und ausgebaut [...] Womit wir beim heutigen Kernproblem wären: Im Zuge eines Anfang des 16. Jahrhunderts getätigten spätgotischen Ausbaus wurden tragende Balken und Dachsparren einfach gekürzt – das Langhaus hielt die folgenden Jahrhunderte überspitzt gesprochen wohl nur noch aus Gewohnheit.

Die prachtvolle Ausstattung von St. Nikolai hat die Zeiten überdauert. Die Malereien im Chorgewölbe stammen aus dem 14. Jahrhundert. Besonders wertvoll ist der Flügelaltar von 1522 aus der Bildschnitzwerkstatt der Saalfelder Schule, die damals viele Dorfkirchen der Region mit ihren kunstvollen Schnitzereien schmückte. Aus der Mitte des 16. Jahrhunderts stammen der Taufstein aus Alabaster und die steinerne Kanzel, deren Korb mit figürlichen Reliefs verziert ist. Die von Johann Heinrich Scherff aus Pößneck erbaute Orgel wurde 1745 installiert. Von den Kirchenschätzen zu sehen ist heute nichts [...]

Nachdem sich 2014 das Dach verformte und die Kirche zur Sicherheit der Gemeinde gesperrt werden musste, machte ein Gutachten das ganze Ausmaß der Schäden sichtbar: Insekten, Pilze und vor allem der gefürchtete Echte Hausschwamm haben das Mauerwerk im Traufbereich befallen. Elementare Holzverbindungen sind komplett zerstört, die Schalung ist verfault. Eine Notsicherung des Dachs und die Stabilisierung der Mauerkrone mit einem Stahlbeton-Ringanker wendeten zwar die akute Einsturzgefahr ab, doch St. Nikolai ist noch lange nicht gerettet. Die Kirche benötigt neue Fußschwellen für ihren Dachstuhl, die mit Blei unterlegt werden müssen, damit sich Feuchtigkeit nicht mehr ausbreiten kann. Nicht nur das Kirchenschiff ist stark befallen, gravierende Schäden müssen auch im Chorturm beseitigt werden. Selbst der Orgelprospekt ist bereits vom Pilz befallen und muss restauriert werden. Und schließlich wartet die Dorfkirche auf die Erneuerung der alten Schieferdeckung und der Gauben auf der Südseite. Diese kann sie aber erst erhalten, wenn das gesamte Tragwerk seinem Namen wieder gerecht wird. Ohne Ihre Unterstützung kann es die Dorfkirche St. Nikolai in Unterwellenborn nicht schaffen. Helfen Sie bei ihrer Rettung! Jede Spende zählt!

www.denkmalschutz.de/denkmal/St-Nikolai-Unterwellenborn.html (16.06.2017)

1. Nenne die erhaltenswerte Ausstattung der Kirche, ihre Schäden und die notwendigen Reparaturen.
2. Erörtere, ob es dir angemessen erscheint, viel Geld in historische Bauwerke zu investieren.
3. Informiere dich auf der Website www.denkmalschutz.de unter dem Reiter „Denkmale erhalten“ über aktuelle Projekte und stelle ein bedrohtes Denkmal in einem kurzen Referat vor.

Best.-Nr. 024738

Denkmalschutz – eine Dorfkirche aus der Romanik retten?

1. Nenne die erhaltenswerte Ausstattung der Kirche, ihre Schäden und die notwendigen Reparaturen.

Erhaltenswerte Ausstattung	Schäden	notwendige Reparaturen
• Malereien im Chorgewölbe aus dem 14. Jahrhundert • Flügelaltar von 1522 aus der Bildschnitzwerkstatt der Saalfelder Schule • Taufstein aus Alabaster und die steinerne Kanzel, deren Korb mit figürlichen Reliefs verziert ist (Mitte 16. Jh.) • Orgel von 1745	• Tragende Balken und Dachsparren wurden gekürzt • 2014 Verformung des Dachs • Insekten, Pilze und der Echte Hausschwamm (= holzzerstörender Pilz) haben das Mauerwerk im Traufbereich befallen. • Elementare Holzverbindungen sind komplett zerstört, die Schalung ist verfault.	• Neue, mit Blei unterlegte Fußschwellen für Dachstuhl, gegen Ausbreitung der Feuchtigkeit • Gravierende Schäden auch im Chorturm beseitigen • Orgelprospekt muss restauriert werden. • Erneuerung der Schieferdeckung und der Gauben (= Dachaufbau, meist mit Fenster) auf der Südseite

2. Erörtere, ob es dir angemessen erscheint, viel Geld in historische Bauwerke zu investieren.
Individuelle Schülerantwort, welche sich verortet im Spannungsfeld zwischen dem Erhalt des kulturellen Erbes beziehungsweise den einzigartigen historischen Zeugnissen und den vielfältigen Möglichkeiten, die Geldmittel alternativ einzusetzen

3. Informiere dich auf der Website www.denkmalschutz.de unter dem Reiter „Denkmale erhalten" über aktuelle Projekte und stelle ein bedrohtes Denkmal in einem kurzen Referat vor.
Individuelle Schülerantwort.

Best.-Nr. 024738

Teste dein Wissen

Lückentext

Die Architektur der Romanik und der Gotik

Das europäische Mittelalter (ca. 500 bis 1500) als __________ zwischen Antike und Neuzeit lässt sich kunstgeschichtlich in das __________ (merowingische, karolingische und ottonische Kunst) und das Hoch- bzw. __________ unterteilen. Hier dominieren zwischen ca. 1000 – 1200 die __________ und zwischen 1150 – 1500 die __________ in ihren unterschiedlichen nationalen Ausprägungen.

Die Romanik als erste große __________ Kunstepoche weist in ihren Bauten eine schwer und stabil wirkende Bauweise auf. Vor allem Kirchen sind aus dieser Zeit erhalten, da diese nicht, wie die meisten anderen Gebäude, aus Holz gebaut wurden und __________. Die an den Außenseiten __________ Kirchengebäude erinnern mit ihren __________ Mauern, wuchtigen Säulen und eher __________, aber massiven Türmen an Festungen. An den Außenwänden befinden sich zumeist wenige, kleine Fenster. Im Inneren der Bauten ist es dementsprechend __________, dekorative Elemente bleiben selten. Typisch sind Rundbögen und Rundbogenfenster. Für die Menschen, welche ansonsten nur kleine Behausungen kannten, zeugten die wuchtigen Bauten von der allumfassenden Macht Gottes und verdeutlichten die __________ der christlichen Religion.

Die Gotik löste die Romanik, von Frankreich ausgehend, ab der Mitte des 12. Jahrhunderts ab und breitete sich über Europa aus. Die an den Außenseiten stark __________ Kirchengebäude wirken durch ihre dünnen Mauern und schlanken Säulen auf besondere Art und Weise: Die Türme ragen nun spitz in größere Höhen hinauf. An den Außenwänden sind auffällig viele große Fenster zu finden; neue __________ wie einfarbiges und buntes Glas werden eingesetzt. Die großen Fenster mit ihren nun typischen __________ sorgen für helle Innenräume, welche mit einer detailreichen Dekoration ausgestattet sind. Möglich war diese Entwicklung durch wirtschaftlichen Aufschwung, technische Neuerungen und die Konkurrenz untereinander: die „eigene" Kirche sollte besonders __________ sein. Die Allmacht Gottes zeigte sich nun in ihrer ganzen Erhabenheit und Würde. So wirken die __________ Kirchen in ihren Farben als Städte Gottes und weisen dem Betrachter den Weg zu einer höheren Wahrheit.

Nicht zuletzt am Kirchenbau wird deutlich, dass das Mittelalter keine __________ und starre Epoche darstellt. Die sich mehr und mehr __________ organisierende Gesellschaft brachte __________ Handwerker hervor, welche Gebäude errichteten, die uns heutige Menschen noch immer beeindrucken.

dunkel • Stärke • arbeitsteilig • europäische • Gotik • kleinen • Spätmittelalter • dekorierten • rückständige • Spitzbögen • spezialisierte • schmucklosen • prächtig • Frühmittelalter • mächtigen • lichtdurchfluteten • Romanik • Epoche • verrotteten • Materialien

Best.-Nr. 024738

Teste dein Wissen

Lückentext

Die Architektur der Romanik und der Gotik

Das europäische Mittelalter (ca. 500 bis 1500) als *Epoche* zwischen Antike und Neuzeit lässt sich kunstgeschichtlich in das *Frühmittelalter* (merowingische, karolingische und ottonische Kunst) und das Hoch- bzw. Spätmittelalter unterteilen. Hier dominieren zwischen ca. 1000 – 1200 die *Romanik* und zwischen 1150 – 1500 die *Gotik* in ihren unterschiedlichen nationalen Ausprägungen.
Die Romanik als erste große *europäische* Kunstepoche weist in ihren Bauten eine schwer und stabil wirkende Bauweise auf. Vor allem Kirchen sind aus dieser Zeit erhalten, da diese nicht, wie die meisten anderen Gebäude, aus Holz gebaut wurden und *verrotteten*. Die an den Außenseiten *schmucklosen* Kirchengebäude erinnern mit ihren *mächtigen* Mauern, wuchtigen Säulen und eher *kleinen*, aber massiven Türmen an Festungen. An den Außenwänden befinden sich zumeist wenige, kleine Fenster. Im Inneren der Bauten ist es dementsprechend *dunkel*, dekorative Elemente bleiben selten. Typisch sind Rundbögen und Rundbogenfenster. Für die Menschen, welche ansonsten nur kleine Behausungen kannten, zeugten die wuchtigen Bauten von der allumfassenden Macht Gottes und verdeutlichten die *Stärke* der christlichen Religion.
Die Gotik löste die Romanik, von Frankreich ausgehend, ab der Mitte des 12. Jahrhunderts ab und breitete sich über Europa aus. Die an den Außenseiten stark *dekorierten* Kirchengebäude wirken durch ihre dünnen Mauern und schlanken Säulen auf besondere Art und Weise: Die Türme ragen nun spitz in größere Höhen hinauf. An den Außenwänden sind auffällig viele große Fenster zu finden; neue *Materialien* wie einfarbiges und buntes Glas werden eingesetzt. Die großen Fenster mit ihren nun typischen *Spitzbögen* sorgen für helle Innenräume, welche mit einer detailreichen Dekoration ausgestattet sind. Möglich war diese Entwicklung durch wirtschaftlichen Aufschwung, technische Neuerungen und die Konkurrenz untereinander: die „eigene“ Kirche sollte besonders *prächtig* sein. Die Allmacht Gottes zeigte sich nun in ihrer ganzen Erhabenheit und Würde. So wirken die *lichtdurchfluteten* Kirchen in ihren Farben als Städte Gottes und weisen dem Betrachter den Weg zu einer höheren Wahrheit.
Nicht zuletzt am Kirchenbau wird deutlich, dass das Mittelalter keine *rückständige* und starre Epoche darstellt. Die sich mehr und mehr *arbeitsteilig* organisierende Gesellschaft brachte *spezialisierte* Handwerker hervor, welche Gebäude errichteten, die uns heutige Menschen noch immer beeindrucken.

Best.-Nr. 024738

Bildquellenverzeichnis

|akg-images GmbH, Berlin: 34, 36, 39, 39, 39, 39, 39; British Library 14, 35, 36; De Agostini / A. Dagli Orti 39; Nimatallah 96. |alamy images, Abingdon/Oxfordshire: Arterra Picture Library 96; imageBROKER 64, 65; Pavluts, Alexey 34, 35; Prather, Leigh 62, 66; Shotshop GmbH 91, 93; Zoonar GmbH 91, 93; © Art Collection 2 13. |Berghahn, Matthias, Bielefeld: 11, 12, 56, 79. |bpk–Bildagentur, Berlin: Staatsbibliothek zu Berlin 82, 85, 85, 85, 85, 85, 85, 85, 85, 85, 85, 85, 85. |Deutsche Stiftung Denkmalschutz, Bonn: Marie-Luise Preiss, mit freundlicher Genehmigung der Deutschen Stiftung Denkmalschutz 101, 101, 101. |Dombauarchiv Köln, Köln: Köln, Dom, Südturm, mittelalterlicher Baukran. Foto: Matz und Schenk 96. |Domkapitel Speyer, Speyer: Walter, Friederike 92, 93. |Domke, Franz-Josef, Hannover: 48, 49, 50, 67, 74, 91, 91, 91, 91, 93, 93, 93, 93. |Fischer, Bernhard, Luftbildfotografie, Wickede (Ruhr): 69, 70. |Fotoflug.de, Ennepetal: Michael Amm 69, 70. |fotolia.com, New York: Pixi 8. |Institut für Geschichtliche Landeskunde an der Universität Mainz e.V., Mainz: regionalgeschichte.net 67. |iStockphoto.com, Calgary: duncan1890 55; manfredxy 1, 1; scisettialfio 20, 22. |Österreichische Nationalbibliothek, Wien: Decretum Gratiani zur Causa XX, Bologna 3. Viertel 14. Jhdt., der Österreichischen Nationalbibliothek Wien mit der Signatur ÖNB cod. 2060 fol. 202r 10. |Picture-Alliance GmbH, Frankfurt/M.: akg-images 97; Bildarchiv Monheim 92, 93; Richardson, Peter/robertharding 92, 93. |Rudel, Leora, Wachenheim/Wstr.: 30, 31, 37, 38. |Stadtarchiv Ulm - Schwörhaus, Ulm: Wollinsky, Nadja 69, 70. |Stadtverwaltung Worms, Worms: Abt. Stadtvermessung und Geoinformationen Az.: 6.2/4.6.33 /2017 71, 72. |stock.adobe.com, Dublin: 3drenderings 33; emuck 20, 22; gozzoli 51; lamax 20, 22; LianeM 20, 22; Raymond Thill 92, 93; rdnzl 20, 22; robynmac 20, 22; takada hiroto 20, 22; ub-foto 51; unpict 20, 22; Wylezich, Björn 20, 22. |SWR Media Services GmbH, Stuttgart: Film:"Bäuerliches Leben im Mittelalter" | Bild: SWR 53. |ullstein bild, Berlin: Alinari Archives 77, 78, 81, 81, 81, 81.